CONGRÈS RÉGIONAL DE NIORT.

COMPTE-RENDU

DE L'EXPOSITION ET DES FÊTES.

17, 18, 19, 20, 21 ET 22 MAI 1858.

(Extrait de la Revue de l'Ouest.)

NIORT

LIBRAIRIE DE COUQUAUX

Rue Saint-Jean, 6.

CONGRÈS RÉGIONAL DE NIORT.

—

COMPTE-RENDU

DE L'EXPOSITION ET DES FÊTES.

—

17, 18, 19, 20, 21 ET 22 MAI 1858.

—

(Extrait de la Revue de l'Ouest.)

—

NIORT

LIBRAIRIE DE COUQUAUX,

Rue Saint-Jean, 6.

(C.)

CONGRÈS RÉGIONAL DE NIORT.

Le Concours régional de Niort s'est ouvert le 17 mai 1858.

Un simple coup-d'œil sur cette exposition prouve que sous tous les rapports notre Concours est plus beau et plus complet encore que ceux qui l'ont précédé dans la région ; c'est d'un heureux augure pour l'avenir.

La RACE BOVINE compte 139 sujets.
La RACE OVINE 58 lots, composés chacun de cinq brebis.
La RACE PORCINE 61 sujets.
Les RACES DE BASSE-COUR, 29 lots.

L'espèce bovine est surtout représentée par la race Parthenaise ; c'est celle de notre contrée à laquelle nous devons attacher le plus de prix, car elle possède des qualités inappréciables ; elle donne à la fois du travail et de la chair ; deux résultats que les Anglais n'ont pu encore obtenir, même avec leurs races, dont ils sont si fiers. Nous avons compté 39 beaux taureaux Parthenaisiens, ils sont dans d'excellentes conditions et dignes de fixer l'attention du jury. Les vaches et les génisses Parthenaisiennes sont au nombre de 25 ; elles sont aussi très belles.

La race Limousine se présente dans de bonnes conditions ; les taureaux sont beaux, mais les vaches ne sont qu'en fort petit nombre.

Les races françaises diverses pures, les Garonnais, les Salers, les Maraichins, sont représentés par de beaux types qui offrent de brillantes et solides qualités sous le rapport de la conformation et aussi comme animaux reproducteurs.

La célèbre race Durham ne figure qu'en très petite quantité. Cinq animaux seulement paraissent au Concours. Les autres races étrangères sont représentées par des Herefords qui paraissent très remarquables.

Les races indigènes croisées sont en très petit nombre. Nous ne pouvons que recommander cette réserve, qui prouve que nos agriculteurs comprennent la valeur de la race Parthenaise. On la garde pure avec un grand soin, et nous approuvons cette prudence qui conserve si intelligemment à l'état primitif les rares qualités de ce précieux animal.

L'ensemble de l'exposition des animaux de l'espèce ovine est remarquable. Les *South-Downs* sont en grand nombre, et quelques animaux accusent une origine de haute lignée ; plusieurs proviennent de pères sortis des bergeries de *Jonas Webb*, l'habile éleveur anglais de la célèbre ferme de *Babraham*. C'est un titre de noblesse qui ne peut leur être contesté.

Des croisements de cette race avec celle du pays prouvent qu'il est avantageux d'employer ce croisement. Les produits ont plus de laine et sont plus aptes à un engraissement précoce. Nous regrettons que la race de *Dishley* ne figure pas en plus grande quantité ; c'est une espèce qu'il est utile de propager ; elle rapporte des bénéfices prodigieux aux fermiers anglais.

Quelques beaux types d'animaux de la race du pays prouvent l'amélioration qu'un croisement *in and in* bien entendu peut obtenir de nos espèces indigènes.

Parmi la race porcine, on remarque les Craonnais et les races étrangères. Les *New-Leicester* et les *Middlesex* sont en grand nombre. Plusieurs animaux ont une conformation qui offre une grosseur énorme ; ce sont des masses de lard. Bien qu'en petit nombre, les *Yorkshire* fixent l'attention.

Passons maintenant aux animaux de basse-cour. Arrêtons-nous un instant devant cette cage d'où partent des cris aigus et la voixd'un coq cochinchinois, dont la taille est celle d'un mouton et qui possède une voix à faire envie à un chantre au lutrin. Ce n'est pas la partie la moins visitée de l'Exposition. Nous y avons remarqué la race cochinchinoise, celle de Brahma-Poutra, qui est fort belle, et celle de Crèvecœur, qui se distingue par l'élégance et par la belle conformation de ses sujets.

Les instruments agricoles sont au nombre de 138. Cette partie de l'Exposition est donc aussi très complète. On y trouve les meilleurs types des instruments de culture. Les moissonneuses, au nombre de quatre, attirent surtout l'attention par leur nouveauté ; elles sont allées fonctionner, mardi, dans les champs de la métairie de Ché ; mais le terrain, qui était pierreux et mal préparé, n'a pas permis de juger du mérite de ces instruments. On remarque les locomobiles et les machines à battre. Les charrues sont en très grand nombre, et plusieurs sont de très bons modèles. Viennent ensuite les herses, les rouleaux et ces instruments d'intérieur de ferme, tels que hache-paille, coupe-racines, ventilateurs, concasseurs, etc. Le fermier peut juger et comparer facilement tous ces instruments qui, employés avec adresse, rendent de si grands services par leur puissance et par leur activité d'exécution.

Une tente placée sur le côté de la place et faisant face à celle de l'exposition d'horticulture, contient les produits agricoles; ils sont nombreux et très beaux.

L'horticulture s'est glissée modestement dans notre Concours régional; mais s'y est montrée avec éclat.

Nous devons une vive reconnaissance à l'habile et dévoué président de notre société d'horticulture, à M. le docteur de Meschinet qui, après en avoir été le fondateur, poursuit son œuvre avec une persévérance bien louable et que le succès encourage.

Distribution des Récompenses.

Le 22 mai était le grand jour de nos fêtes du concours régional. C'était le moment où les noms des lauréats allaient être proclamés, où les rapporteurs allaient exposer les titres des agriculteurs aux récompenses qui devaient leur être décernées.

A onze heures, les autorités de la ville de Niort se sont réunies à la Préfecture, et se sont rendues au concours. M. le général Allard, M. le comte du Hamel, M. le marquis de Sainte-Hermine, M. Oscar de Vallée, M. le général Wast-Wimeux et M. le Préfet de la Vienne, avaient bien voulu venir dans notre ville pour assister à cette solennité. Le cortége a visité, avec la plus grande attention, toutes les parties du concours. Des flots de population rurale couvraient cette vaste place et paraissaient heureux et fiers de cet hommage qui était rendu avec tant de pompe à l'agriculture.

Après cette visite, le cortége a été prendre place sur l'estrade élevée dans la tente destinée à la distribution des médailles. Malgré ses grandes dimensions, cette enceinte était encore trop étroite pour recevoir tous les auditeurs. Plus de huit mille personnes se pressaient dans cette tente qui offrait un admirable coup-d'œil; les places réservées étaient occupées par des dames, et leur grand nombre, l'éclat de leur toilette prouvaient le haut intérêt que les classes élevées de la société portent à l'agriculture. Le cultivateur voyait avec joie que ses travaux inspiraient une profonde sympathie et qu'on rendait hommage à ses utiles labeurs.

Discours de M. le Préfet.

M. le Préfet des Deux-Sèvres, qui présidait cette solennité, a ouvert la séance par un remarquable discours, que nous sommes heureux de reproduire.

Messieurs,

Les concours régionaux, les comices, les institutions agricoles, les encouragements nombreux et de toute nature décernés par le Gouvernement à l'agriculture, l'ont fait entrer, depuis quelques années, dans une voie de progrès réels et d'améliorations pratiques dont le département des Deux-Sèvres, chef-lieu, pour cette fois, des neuf départements formant la région de l'Ouest, est appelé à offrir et à faire constater les brillants, les heureux résultats.

L'Empereur, dans sa haute sollicitude pour les intérêts des cultivateurs, comme pour tout ce qui touche à la grandeur du pays, n'a pas voulu que ces joutes des travailleurs fussent seulement des occasions de stimuler le zèle entre de nombreux concurrents, il a voulu encore et surtout qu'elles permissent, chaque année, le rapprochement des idées et des produits, des méthodes et des sacrifices, et la comparaison éclairée entre les succès et les déceptions elles-mêmes, qui portent aussi leurs précieux enseignements.

MM. les rapporteurs des concours vous diront tout-à-l'heure, pour leurs sections respectives, avec l'autorité du savoir et de l'expérience, ce qui s'est offert ici depuis cinq jours, aux réflexions du penseur et aux observations de l'homme pratique, pour moi, Messieurs, je dois seulement et ne veux que vous dire que cette journée est un noble et grand jour pour le pays.

Pour vous d'abord, travailleurs des campagnes, et pour vous surtout, lauréats, c'est aujourd'hui votre véritable fête; car elle consacre la sainteté de vos efforts, la sainteté de vos travaux; elle nous permet de proclamer bien haut vos triomphes et de provoquer sur eux les applaudissements de l'élite de vos concitoyens reconnaissants. — Cette journée est heureuse encore pour le Gouvernement; il est fier de vos succès, car la haute intelligence du Souverain fait marcher de pair les services rendus à l'agriculture avec les services les plus éminens rendus à l'Etat. (Bravos prolongés.)

C'est une idée grande et généreuse, Messieurs, que l'organisation de ces fêtes de la paix où s'exerce une douce ambition, une rivalité sans danger, — rivalité et ambition qui, même dans leurs ardeurs les plus vives, ne font naître que de bons et de généreux sentiments, une émulation féconde, et d'où résulte l'amélioration du sort des peuples, par l'échange pacifique des idées et des produits de la patience et du travail.

Nobles conquêtes que celles-là ! — Le travail et la science, dont le domaine est infini, font naître la prospérité et le bien-être ; et le bien-être, à son tour, fait naître, étend, fait régner et affermit les vertus les plus sérieuses et les plus solides du citoyen : je veux dire l'amour de l'ordre, l'amour du sol, qui n'est autre que l'amour sacré du pays et le respect des lois.

En voyant, au nom du progrès et du travail, ces populations nombreuses et les départements aux sols si différents et aux productions si diverses, répondre chaque année avec empressement à la voix du Ministre éminent qui seconde et interprète si habilement la pensée du Souverain ; comment ne pas saluer avec enthousiasme l'ère de paix, de concorde, de prospérité, de civilisation dont la France a donné le signal ; — qui réunit dans un même lien les contrées les plus éloignées, et permet de rapprocher et de confondre leurs idées, leurs produits, leurs richesses, leurs espérances. — Comment ne pas croire à la disparition successive de tout antagonisme, — comment ne pas croire à la fusion de toutes les opinions, à l'unité de la grande famille française ? — (Longs applaudissements.)

En effet, reliant par la pensée le présent à l'histoire, que voyons-nous ? — Pas une localité desservie aujourd'hui par nos puissantes lignes de communication et par un échange constant de rapports intellectuels, agricoles, artistiques, commerciaux, qui n'ait été jadis ensanglantée par les discordes, par les guerres politiques ou religieuses. — Dans ces contrées même, dans ces contrées privilégiées et bénies, où la Providence dispense sans mesure ses plus précieuses faveurs, où, à la sollicitation du travail, la terre verse avec abondance ses dons et ses produits ; — ici même où ses produits, faciles et toujours riches, semblent avoir adouci le caractère du peuple en éloignant l'affreux besoin qui corrode l'âme et étouffe ses plus généreux instincts ; — ici même, tout ce qui nous environne ne porte-t-il pas encore l'empreinte de luttes fratricides ? — N'est-ce pas notre Vendée, n'est-ce pas notre Poitou que prophétisait Horace, quand il écrivait :

> Delicta majorum immeritus lues,
> . . . . . . donec templa refeceris.
> . . . .

Nos temples sont-ils tous reconstruits ? Non, sans doute ! Non, sans doute ! — Mais l'heure réparatrice n'a-t-elle pas sonné ? — les fureurs ne sont-elles pas apaisées ? — Le vent de la discorde n'est-il pas calmé? — Une main puissante et réparatrice, suscitée par Dieu lui-même, n'a-t-elle pas replacé la société dans sa voie et *rétabli la pyramide sur sa base?* — (Bravos prolongés.)

Conquêtes du travail et de la civilisation ! c'est par vous que le monde marche à ses véritables destinées. — Par vous, la discorde fait place à l'harmonie, — la division fait place à l'association ; — par vous, enfin, se préparent le triomphe et le règne de la raison humaine, fortifiée et éclairée par les puissances et les splendeurs de la civilisation chrétienne. — (Profonde sensation et chaleureux applaudissements.)

Messieurs, le phare lumineux qui nous montre ce port désiré et qui nous y conduit ; — l'ouvrier infatigable, résolu, courageux, persévérant, qui a entrepris et qui veut accomplir cette œuvre sainte et civilisatrice, c'est l'Empereur Napoléon. — C'est lui que la Providence a choisi pour l'accomplissement de ces mystérieux, de ces généreux desseins ; — c'est lui qu'elle couvre et protège manifestement, miraculeusement, afin que l'enfer lui-même, dans ses plus monstrueuses machinations, ne puisse rien sur les destinées de notre glorieuse et bien-aimée patrie. — (Les applaudissements éclatent avec force.)

Oui ! grâce à la sagesse de l'Empereur, les luttes ont cessé, — les lois triomphent ; — elles ont partout rétabli leur empire. — Le travailleur peut désormais se livrer en paix à l'exploitation de son héritage, il le transmettra en toute sécurité à ses enfants, tel qu'il l'aura honorablement acquis ou tel qu'il l'aura lui-même reçu de ses pères. — Les méchants seuls s'en plaignent ou murmurent, les bons et les honnêtes peuvent se réfugier, confiants sous sa patriotique égide, sous son énergique autorité.

Nos aigles ont replié leurs ailes d'or ; — leurs serres puissantes et glorieuses ne lancent plus la foudre ; elles la compriment, au contraire, et lui imposent silence ; elles ne veulent plus s'armer que du rameau pacificateur. — Rendue par de récentes victoires, où son épée, toujours infaillible, a de nouveau fait triompher son nom, à tout l'essor de son génie, à tout le calme de sa pensée, la France, à la fois guide et flambeau de l'humanité, grandira encore en force et en richesse à l'ombre d'un pouvoir protecteur qui saura faire fructifier vos efforts et qui, après nous avoir donné les gloires de la guerre, saura bien, envers et contre tout, aux travailleurs des bras comme aux travailleurs de la pensée, garantir et conserver les grandeurs et les prospérités de la paix. —

De chaleureux applaudissements, qui avaient souvent éclaté pendant la brillante improvisation de M. le Préfet, ont manifesté encore, avec une nouvelle puissance, l'admiration du nombreux auditoire pour les grandes et généreuses idées qui venaient d'être présentées avec une éloquence si noble et si élevée.

Discours de M. le général Allard.

M. le général Allard, président de section au conseil d'État et membre du Conseil général des Deux-Sèvres, prend ensuite la parole :

Monsieur le Préfet,
Messieurs,

« Il serait bien aveugle celui qui, dans ces fêtes, en l'honneur de l'agriculture, auxquelles la France entière vient de prendre part, n'entendrait qu'un vain bruit, ne verrait qu'un spectacle éphémère et passager : Ce qui les caractérise, dans ma conviction, c'est l'avenir immense qu'elles ouvrent, c'est une pensée profonde et un grand enseignement. Permettez-moi de les dégager et de les faire ressortir en quelques mots.

Sur cette même place où nous sommes aujourd'hui, il y a six ans à peine, 40,000 paysans des Deux-Sèvres et de la Vendée accouraient en foule pour proclamer un Empire, et lui demander force et protection. Ces hommes, calmes et froids d'ordinaire, comprenaient à merveille, dans l'élan de leur enthousiasme, que l'agriculture, comme les autres industries, a besoin avant tout d'un pouvoir ferme qui garantisse l'ordre et inspire la confiance, et ils traduisaient leur sentiment par cette éloquente manifestation.

Vous savez, Messieurs, s'ils ont été trompés dans leur attente.

Cet Empereur qu'ils proclamaient a su, au milieu des gloires et des merveilles de son règne, faire une grande part à l'agriculture, en sanctionnant des lois de crédit, en préparant le progrès par des mesures intelligentes et des encouragemens de toute sorte, en instituant cette magnifique prime d'honneur, accordée cette année aux Deux-Sèvres et accessible partout aussi bien au paysan qu'au plus riche propriétaire, en joignant enfin l'exemple au précepte et en se faisant lui-même agriculteur.

C'est ainsi que de la même main qui présidait aux splendides constructions du Louvre, il créait une ferme et de vastes étables à Fouilleuse, près Saint-Cloud ; des vacheries à Villemonble et à Versailles ; d'autres fermes en Sologne, dans cette terre déshéritée où, grâces à des canaux habilement dirigés, 120 hectares, déjà marnés ou drainés, sont rendus salubres et prospères. Dans les steppes incultes des Landes (car c'est toujours où il y a le plus à faire que les efforts sont dirigés de préférence), 8,000 hectares viennent d'être achetés pour être divisés en quatorze fermes et il n'est pas jusque dans le camp de Châlons, dans cette partie de la Champagne qualifiée de Pouilleuse, que d'autres fermes vont être établies encore.

A côté de ces exemples que je cite dans le seul but de montrer toutes les sympathies du chef du gouvernement pour l'agriculture; combien encore n'en pourrais-je pas indiquer dans les départemens mêmes qui composent notre région ! Admirables travaux que ceux-là ! car ils honorent les hommes tout en les rémunérant de leurs sacrifices et de leurs peines, et ils contribuent en même temps d'une manière puissante au bien-être de tous et à l'accroissement de la prospérité publique.

Il me siérait mal de parler le langage de la science agricole devant une assemblée qui compte tant de notabilités, et, cependant, laissez-moi vous dire, Messieurs, quelques mots qui me sont suggérés par la belle exhibition à laquelle nous venons d'assister et par le vif intérêt qu'elle m'inspire.

Ces magnifiques animaux qui font l'orgueil du Limousin et de la Gâtine, remarquables par la beauté de leurs formes et par les qualités solides qui les distinguent, ne disent-ils pas assez qu'il n'y a plus qu'à s'appliquer à en développer les produits, sans altérer la pureté de leurs races dont l'heureux privilège est de les rendre propres successivement au travail et à la boucherie, et qu'on ne pourrait que compromettre, dans les conditions agricoles où ils sont placés, en se livrant au hasard de prétendus perfectionnemens. Si le travail paie leur nourriture dans la première période, l'engraissement vient ensuite, et le cultivateur trouve dans la vente un gain auquel les circonstances ajoutent chaque jour de nouvelles chances de succès.

Considérez en effet le prix de la viande de boucherie; et, sauf des fluctuations inévitables, voyez les tendances des populations à accroître constamment la consommation générale. Le ministre de l'agriculture et du commerce citait à ce sujet, dans son discours au concours de Poissy, des faits statistiques officiels que je vous demande la permission de rappeler aux éleveurs qui m'écoutent, tant ils me paraissent dignes de fixer leur attention.

La consommation de Paris en viande de boucherie et en viande de porc qui était montée dans les dix années qui ont précédé 1857, de 62 millions de kilogrammes à 84 millions, ce qui représente une augmentation de 16 à 17 p. %, et une consommation moyenne, par an et par habitant, de 71 kilogrammes et demi, s'est encore élevée en 1857, puisqu'elle a atteint 85,507,021 kilogrammes et près de 73 kilogrammes par tête.

Cette progression qu'on a pu préciser à Paris par des chiffres, tout indique qu'elle a été la même pour le reste de la France. Elle est le résultat évident d'un plus grand développement de la richesse publique, et de l'augmentation des salaires qui permet à la population ouvrière de se donner une alimentation plus substantielle. Puisse-t-elle s'étendre bientôt à nos rudes travailleurs des campagnes, et venir ajouter la viande au lard salé qui n'apparaît encore sur leur table que dans les grands jours!

Quant aux céréales, il appartient aussi à nos contrées d'en développer la production, et ces instrumens perfectionnés qu'on admirait au concours, et dont on fait encore un si rare usage malgré leur propriété incontestable à suppléer à l'insuffisance des bras et à rendre le labeur moins pénible, permettent d'entrevoir que le moment n'est pas loin où la France n'aura rien à demander à l'étranger pour sa subsistance.

Les concours universels, les concours régionaux, les comices agricoles seront les agens puissans de ces heureuses transformations, et les hommes qui se dévouent à leurs succès, auront bien mérité du pays et de l'humanité.

Puisse cette fête des agriculteurs rappeler à tous, dans notre France qui, en 1789, abolissait les privilèges et proclamait, aux applaudissemens de la nation, le principe de l'égalité devant la loi, que le travail est toujours le premier des titres et qu'il est la source la plus pure des honneurs et des distinctions sociales. »

De nombreux bravos suivent les dernières paroles de M. le général Allard. C'est avec un juste sentiment de reconnaissance que nos agriculteurs voient un homme aussi distingué, placé au sommet des fonctions militaires et civiles, consacrer sa haute intelligence à l'amélioration du sol natal.

Messieurs les rapporteurs ont ensuite donné successivement lecture des travaux des Commissions du Concours:

Rapport de la Commission chargée de juger la race Bovine.

RAPPORTEUR : M. DE PUYBERNEAU.

Monsieur le Préfet,
Messieurs,

La Commission chargée de décerner les prix à l'espèce bovine m'a confié le soin de vous communiquer ses impressions. Depuis l'institution de la prime d'honneur, les rapports spéciaux ont perdu beaucoup de leur importance, ou ils irritent l'impatience bien légitime qu'on éprouve de connaître le nom de l'heureux lauréat du département ; ou, venus après coup, ils n'offrent plus aucun intérêt aux auditeurs. Je comprends trop ce double sentiment pour ne pas le respecter ; aussi je vais être très bref et ne me permettrai que quelques réflexions indispensables sur les animaux que nous avons été appelés à juger.

Nous sommes réunis d'ailleurs dans la patrie de l'illustre Jacques Bujault, notre maître à tous, nous, cultivateurs de l'Ouest; de chez vous, Messieurs, on emporte donc des leçons et de bons exemples, mais on se garde bien de vous donner des conseils.

Pourtant, il faut le dire, la belle race Parthenaise, que nous entourons d'une affection si unanime, que nous protégeons avec tant de sollicitude contre l'introduction de tout sang étranger, n'est pas représentée ici, pour les mâles du moins, comme elle aurait dû l'être. Ni le nombre, ni la qualité des animaux exposés ne peuvent donner aux étrangers une idée juste de la valeur d'une race qui seule, entre toutes les races françaises, a obtenu une grande médaille d'or au Concours universel de 1856. A quels motifs tient cette absence de producteurs d'élite! Tous, étrangers à votre département, nous ne le savons ; mais je crois être votre organe en faisant cette réponse : A l'excellence même de la race. Dieu merci! on peut discuter aujourd'hui le mérite des races bovines et leurs aptitudes diverses sans craindre les foudres des spécialisateurs systématiques : on ose se prononcer et avouer publiquement sa préférence pour les animaux à deux fins ; on ne craint pas de dire que l'on recherche le bœuf qui, après s'être racheté de toute sa valeur par un travail énergique, constitue un capital nouveau par un engraissement productif. Eh bien ! Messieurs, cet animal à deux fins par excellence, c'est le bœuf Parthenay, cette poule aux œufs d'or de votre Bocage, que tout le monde veut posséder ; et qu'on vient vous enlever dès l'âge d'un an et à beaux deniers comptans. Voilà, ce me semble, tout le secret d'une absence que j'ai entendu qualifier d'indifférence coupable. Vous n'avez pas d'animaux parce que tout le monde veut en avoir. C'est une vérité qu'il faut dire et répéter bien haut pour que tout le monde agricole le sache ; et sur ce sujet ma voix doit avoir quelque autorité, car j'appartiens au département de la région qui vous a fait les plus larges acquisitions et peut avoir la prétention d'être arrivé aujourd'hui à produire aussi beau que vous. Passez-moi, messieurs, ce petit sentiment de vanité : entre nous il ne peut amener que de bonnes rivalités, toutes pacifiques et au profit de l'agriculture.

Mais si lè plus grand nombre de vos cultivateurs se laisse tenter par les hauts prix qu'obtiennent leurs taureaux, quelques-uns, plus intelligens peut-être, ne veulent s'en défaire à aucune condition ; ils soignent, avec une sollicitude vraiment paternelle, un représentant de quelque vieille famille, qui tôt ou tard acquerra une grande valeur, parce que, dans nos races locales, on a le grand défaut de trop négliger les origines. Pour votre Commission, le Taureau premier prix est la plus parfaite expression de sa race ; seulement que son habile éleveur prenne garde, et qu'il s'arrête au degré de finesse acquise par ce bel animal ; car, si cette finesse augmentait encore, ses suites perdraient inévitablement sous le rapport de l'énergie et de la vitalité.

Les femelles de cette même catégorie ont la peau d'une grande souplesse ; elles sont fines, légères d'ossature et ne laissent rien à désirer. Mais si belles qu'elles soient, elles trouvent encore un brillant appoint dans l'exhibition *hors concours* que M. de Tusseau, directeur de la ferme-école du Petit-Chêne, a fait d'une partie de son étable. Chez lui, on est assuré de trouver toujours de beaux types, et la Commission le remercie de ce bon vouloir gracieux.

Toutes les fois que nos fonctions de juré nous ont conduit au milieu des animaux, nous avons toujours trouvé une foule nombreuse autour de la race limousine, et c'est justice, car elle est représentée ici avec un merveilleux ensemble. Les animaux qui viennent de loin sont toujours de choix. Cette impérieuse loi des Concours profite admirablement à la race limousine, dont tous les spécimens semblent les sujets d'une même étable. L'embarras de votre commission a été grand, car choisir c'était aussi rejeter, et tous les animaux de cette catégorie sont dignes d'être primés. Aussi la Commission n'a-t-elle pas hésité à réclamer de Son Excellence le Ministre de l'agriculture un prix supplémentaire qui a été gracieusement accordé.

Après quelques Salers mâles et femelles et quelques vaches Maraichines assez remarquables, nous arrivons au milieu des représentans des grandes races anglaises améliorées. Enfans perdus d'un perfectionnement qui ne convient point encore complètement aux conditions culturales de la région, ils se suivent peu nombreux, isolés de familles, et fort désireux, je crois, de regagner leurs chaudes étables. C'est qu'ils ont compris que là où s'élevait en plein champ le robuste Parthenay, il n'y avait pas encore place convenable pour eux. Plus tard certainement ils seront bien accueillis et largement traités ; mais le moment de leur introduction n'est pas venu. Du reste, ils sont peu nombreux, et la Commission, dans quelques catégories, n'a pas trouvé à décerner les prix ou n'a pas cru devoir les distribuer tous. Ce qui est bon doit être largement encouragé ; mais ce qui est mauvais et ce qui peut pousser les agriculteurs dans une voie fausse, doit être très nettement mis de côté. Les Concours doivent servir d'instruction, et les membres du jury ne sont pas les rémunérateurs complaisans de fantaisies inutiles ou de spéculations très transparentes. Ils ont une mission plus utile à remplir, et leur sévérité en pareille matière sera le plus ferme soutien des Concours.

Ces réflexions, dont nous n'entendons faire aucune application directe ici, nous ont été suggérées par quelques indications de races que la Commission n'a pu admettre ; par quelque oubli, involontaire sans doute, de déclaration de prix déjà remportés, ou par la disparition de marques ; toutes choses propres à égarer la Commission.

Dans cette dernière catégorie d'animaux, vous aurez néanmoins remarqué la magnifique vache Hereford de M. Price ; les taureaux Durham de M. Henry Michel, la vache de même race de M. Daubin, et un croisement durham-maraichin admirablement réussi et appartenant à M. Bouscasse père. Ce sont d'heureuses exceptions à un ensemble commun des races étrangères.

En somme, Messieurs, l'exposition bovine du Concours régional de Niort est belle, et la fête à laquelle nous assistons laissera de profonds souvenirs dans vos populations qui, dès demain, en reprenant le mancheron de la charrue, rêveront récompenses et médailles, et attendront avec impatience le retour septennal de ces grandes solennités.

Avant de terminer, Messieurs, je dois encore ajouter quelques mots sur l'exposition des animaux de basse-cour ; comme nous, vous vous serez arrêtés devant le magnifique lot de Crèvecœur de Mme Serph, aux Angremys ; devant les canards de M. le baron Aymé, et vous aurez admiré l'exposition des Brahmas-Poutras de Mme de Loinville.

Pour nous qui vivons au milieu des champs, nous trouvons tout naturel que nos femmes et nos filles aiment les belles volailles et qu'elles les soignent parfois de leurs mains. Mais quand nous trouvons ce goût chez une dame habitant une ville de luxe et de plaisirs, chez la femme du premier Administrateur d'un département, nous battons chaleureusement des mains et nous signalons bien vite ce bon exemple.

On nous affirme, de plus, que si friands que soient ses beaux élèves, Mme de Loinville n'autorise jamais le sacrifice d'aucun. Elle élève uniquement pour donner, pour répandre. C'est un double mérite qui fait le plus grand éloge de Mme de Loinville ; et, pour notre compte, nous sommes heureux d'être l'organe de la Commission, en lui exprimant nos félicitations respectueuses.

Rapport de la Commission chargée de juger les races Ovine et Porcine.

RAPPORTEUR : M. LE BARON DE CLOUZEAU DE CLÉRAND.

Monsieur le Préfet,
Messieurs,

Race Ovine.

La commission du jury a dû éprouver quelque embarras dans la distribution des prix pour la race ovine.

En effet, pendant que, dans les autres parties du concours, les races indigènes et les races étrangères ont leurs prix spéciaux, aucune distinction de race n'a été établie pour les moutons; de sorte qu'il a fallu comparer entre eux des animaux d'origine et de mérite très divers.

La race ovine la plus répandue dans la région de votre concours est la race Poitevine. Il s'en fait une exportation énorme pour Paris, où elle est très recherchée pour sa viande beaucoup plus que pour sa laine. Ses défauts sont frappans : l'étroitesse et la dépression des épaules par suite le manque d'horizontalité, le peu de développement de l'avant-main et de la côte, la trop grande hauteur sur jambes, sont des vices radicaux que tous les efforts de l'éleveur devraient tendre à corriger. — Presque tous les sujets de cette race offerts à notre examen présentent ces défauts de la manière la plus frappante. En pressant une toison peu fournie, la main, arrivée à la chapente de l'animal, semble s'arrêter sur une lame de couteau.

Trois brillantes exceptions sont venues cependant prouver au jury de quels perfectionnemens cette forte race est susceptible.

Ces trois béliers Poitevins purs offrent un type de conformation parfaite. Ils peuvent présenter avec orgueil, à l'œil et surtout à la main de l'observateur, un corps bien cylindrique, un magnifique poitrail, la ligne dorsale d'une horizontalité parfaite, des épaules, des côtes et un filet qui ne laissent rien à désirer et qui lutteraient de perfection avec les races les plus belles.

Le jury a décerné les trois premiers prix à ces animaux qui excellent dans leur race, pendant que les sujets étrangers exposés au concours nous ont paru moins distingués dans la leur. Nous avons été heureux de constater combien il serait facile d'améliorer notre race par elle-même et sans le secours de croisemens étrangers. C'est par le choix judicieux des reproducteurs, par une élimination continuelle des sujets défectueux, en même temps que par les soins et par une nourriture abondante, que nos voisins sont parvenus à créer des animaux d'une rare perfection. Leurs vieilles races indigènes ne valaient pas mieux que les nôtres, et pour les modifier ainsi, ils n'ont eu d'autre secret que celui que je viens d'indiquer.

Quand les moutons Poitevins, comme les Anglais, vivront dans de riches prairies naturelles ou artificielles, et parqueront l'hiver dans de vastes champs de turneps; quand vous aurez créé pour eux l'abondance sans qu'ils aient à se déplacer, soyez sûrs que leurs longues jambes tant critiquées, si utiles cependant quand il leur faut faire plusieurs kilomètres par jour pour chercher au loin une maigre provende, seront bientôt raccourcies, le sang enrichi, l'aptitude à la graisse augmentée, et vous vous serez créé une magnifique race sans le secours d'aucune importation étrangère. Là seulement est la certitude du succès. Sans une nourriture abondante la race croisée ou non ne progressera jamais.

La Commission a cru devoir insister sur ce point, convaincu que la méthode d'amélioration la plus sûre et la plus populaire dans chaque région, sera toujours l'amélioration de la race par elle-même; car chaque race a sa raison d'être, prise dans le sol et dans la nourriture si divers des localités.

Trois prix ont été décernés à des béliers Anglais, deux South-down et un New-Leicester.

La race South-down nous a paru particulièrement propre au croisement avec les Poitevins, à cause de sa grande rusticité et comme pouvant racheter par l'ampleur et la perfection de ses formes les défauts que nous avons signalés. Ce croisement a été essayé avec succès par M. Thiac, si dévoué à la cause du progrès. Son beau bélier South-down Poitevin n° 151, a reçu une mention honorable.

Nous devons, en terminant, signaler un incident regrettable qui s'est produit dans la distribution des prix.

Le bélier n° 154 et le lot de brebis n° 173 avaient été primés par la Commission, lorsqu'elle a été informée que leur propriétaire, M. de la Prade, ne les avait pas *en sa possession* depuis trois mois, bien que depuis plus de trois mois il en eut fait l'acquisition. En présence des prescriptions rigoureuses du programme et tout en reconnaissant la parfaite bonne foi de M. de la Prade, la Commission a dû retirer à regret les prix à ces beaux animaux, que leur propriétaire présentera avec un succès assuré dans un nouveau concours.

Race Porcine.

Le jury a regretté de voir la race indigène aussi peu représentée.

La race Craonnaise a fait ses preuves et n'a pas besoin d'être louée. Sa rusticité, sa fécondité, l'énorme développement auquel il parvient avec une bonne nourriture, en font une race d'élite. Aussi pensons-nous qu'avec elle, si on cherche des croisemens, il faut éviter d'altérer ses précieuses qualités. Les races du Yorkshire, du Hampshire et du Berkshire, très bien représentées à ce concours, ont comme les nôtres une grande profondeur de viande et un heureux développement; elles ne mettent pas tout en graisse, comme d'autres variétés qui ont passé sous vos yeux.

Le croisement des Craonnais avec ces trois races n'altérerait en rien les belles et bonnes qualités des premiers, et leur donnerait à la fois une construction plus parfaite et plus d'aptitude à l'engraissement.

Il n'est rien de plus décevant, rien de plus dangereux que les croisemens peu judicieux de la race porcine; et si nous croyons devoir insister sur ce point, c'est en présence des nombreux sujets de race étrangère présentés à ce concours. Qu'ils soient tous les bienvenus; mais sachons signaler leurs mérites divers:

Voyez ces petites boules de conformation si parfaite qu'on se laisse tout d'abord séduire au désir de les acheter. Savez-vous, Messieurs, ce qu'y trouve le couteau de la ménagère? De la graisse, rien que de la graisse. L'animal tué peut être aussitôt fondu. — Adieu le magnifique lard suspendu au plafond, adieu la belle et bonne viande de nos races indigènes. Tout est graisse, je le répète, et si nos voisins, très friands de cet aliment, en font précisément un mérite à quelques-unes de leurs races, nos goûts, bien différens et plus délicats, ne nous permettent pas d'encourager par trop cette production graisseuse.

Si la ménagère se trouve fort mal de ce changement de race, le boucher et le marchand de bestiaux leur reprochent également un lard trop mou, une viande trop peu substantielle, et donnent un meilleur prix de la race indigène.

Ajouterai-je que quelques-unes de ces races dites perfectionnées sont arrivées à un tel degré d'obésité, qu'elles ont peine à se reproduire et à nourrir leurs petits, pendant que vous venez de voir au concours nos belles truies craonnaises, aux puissantes mamelles, allaiter sans effort une douzaine de nourrissons.

3

Améliorons toujours, Messieurs, mais avec une circonspection extrême et en choisissant parmi les races étrangères des reproducteurs qui puissent conserver aux nôtres leurs précieuses qualités.

Nous terminerons en adressant aux éleveurs un dernier conseil relatif à la nourriture de la race porcine.

Aucun animal, pas même le mouton, ne se développe et ne vit mieux au pâturage que le porc. Donnez-lui un champ de trèfle de Hollande, un hectare pour 20 têtes; et il s'y entretiendra en parfaite santé et vigueur, *sans aucune autre nourriture*, du 1er avril au 1er septembre, c'est-à-dire pendant les cinq mois les plus difficiles de l'année. — Le cochon ne se météorise jamais.

Substituez à la châtaigne, à la pomme de terre rare et coûteuse, le navet de Suède et surtout la carotte fourragère, vous aurez une alimentation à la fois excellente et économique. Le trèfle de Hollande tout le printemps et l'été, les récoltes-racines l'hiver, permettront d'élever en grand et de développer une race si intéressante pour l'alimentation générale et pour le pauvre surtout. Nous avons vu de magnifiques porcheries de deux mille têtes organisées sur ce système, qui s'y pratiquait avec succès depuis plusieurs années.

Nous espérons, Messieurs, que l'utilité de ces modestes recommandations pratiques vous fera excuser leur côté peu brillant et peut-être aussi leur longueur.

Rapport de la Commission chargée de juger les Instrumens et Machines.

RAPPORTEUR, M. THIAC.

Monsieur le Préfet,
Messieurs,

Les membres de votre commission, animés par le sentiment du progrès quotidien du matériel des fermes, ont examiné, avec une sollicitude extrême, les instrumens et les machines destinés, les uns à remuer, approprier et nettoyer ou fouiller le sol et à l'ensemencer, et les autres à battre et à tirer parti des produits.

En effet, ce qu'on veut le plus généralement quand on fait valoir, c'est de savoir quelle est la charrue qu'on doit choisir, comme étant la meilleure, le modèle de machine à battre qu'on doit préférer, le tarare, le coupe-racines ou le hache-paille qu'il faut rechercher et qui offrent le plus d'avantages.

L'Exposition actuelle vient-elle puissamment en aide à de pareilles investigations? La Commission ne l'a pas pensé. L'Exposition a sans doute montré d'heureuses tentatives, de généreux efforts, mais rien qui ait révélé l'une de ces créations qui font époque et laissent après elle une trace lumineuse.

La Commission n'a donc pas à récompenser une grande idée, mais elle a voulu cependant détacher une médaille d'or de toutes celles que le gouvernement de l'Empereur met à sa disposition, pour la donner à M. Legendre, constructeur à Saint-Jean-d'Angély (Charente-Inférieure), qui, par l'ensemble de son exposition et le bas prix des objets exposés, démontre que cet honorable constructeur a en vue non seulement de très légitimes bénéfices, mais aussi le progrès agricole.

Il y a, Messieurs, dans cette médaille ainsi donnée, un motif d'encouragement, et la réserve que la Commission met à distribuer les autres médailles, ne doit en aucune façon apporter le découragement, mais au contraire développer le sentiment de nouvelles recherches et de nouveaux travaux.

La récompense n'est qu'ajournée.

Parmi les machines exposées par M. Legendre, se trouve une machine à moissonner. La Commission s'est hâtée de l'expérimenter, car ce serait l'un des faits les plus importans de notre époque si la cause était gagnée; mais elle n'a pas répondu aux espérances qu'on avait pu concevoir.

M. Legendre doit donc s'efforcer d'obvier aux inconvéniens qui ont entravé si malheureusement sa marche.

La Commission a donné une médaille d'argent à M. Bergeron pour sa charrue pour labourer les vignes et les plantes sarclées. Elle a paru propre à être utilisée avec avantage.

Cette médaille s'applique aussi à la charrue en fer, modèle Dombasle. Cependant, par la défectuosité de certaines de ses parties, la Commission n'a pas trouvé les perfectionnemens annoncés par M. Bergeron.

N'y a-t-il pas là, Messieurs, un enseignement pour que l'instrument sorti des mains de l'homme de génie ne soit modifié qu'avec réserve et sécurité.

Dans l'ensemble de l'exposition de M. Desport, à Nontron (Dordogne), la Commission a remarqué une petite charrue *tourne-oreille*, du prix de 30 fr. La Commission, pour cette charrue et quelques bonnes parties dans les autres instrumens, a donné une médaille d'argent à M. Desport.

M. Hérissé, demeurant au château de la Revêtison (Deux-Sèvres), a exposé une machine à moissonner, une machine à battre et deux charrues.

La machine à moissonner n'a opéré elle aussi que d'une

manière imparfaite, et, cependant, c'est le système Manny, que de précédentes distinctions ont honoré.

La machine à battre est de MM. Rouot frères, de Châtillon-sur-Seine (Côte-d'Or). Elle a bien fonctionné.

Cette machine paraît avoir reçu une médaille d'argent dans un précédent concours. La Commission a proposé le rappel de cette médaille.

Quant à M. Hérissé, la Commission lui a conféré une médaille d'argent, car il a paru utile de lui donner un témoignage public d'encouragement pour les importations qu'il a faites dans nos contrées d'instrumens appréciés. C'est là, Messieurs, un vrai service rendu à l'agriculture qu'il importe de ne pas méconnaître.

M. Marot aîné, à Niort (Deux-Sèvres), a exposé divers instrumens et machines, et notamment sous le n° 98, un trieur, qui a fixé l'attention de la Commission par ses heureuses combinaisons de plusieurs systèmes connus.

La Commission a remarqué aussi la bonne confection de ses barattes et crémeuses.

Elle a donc conféré à M. Marot une médaille d'argent.

Une autre médaille d'argent a été donnée à MM. Rimbert frères, à Cenon (Vienne), pour une machine à battre qui a bien fonctionné et qui peut être livrée à un prix très modéré.

M. Coëffard, de la commune de Belluire (Charente-Inférieure), a exposé une petite machine à bras pour moissonner. Les résultats obtenus par son travail démontrent qu'avec certaines modifications elle pourra bien fonctionner; l'inventeur qui, certainement, est doué d'un esprit ingénieux, s'évertuera à trouver les moyens de la perfectionner, et, pour l'y encourager, la Commission lui a donné une médaille d'argent.

M. Rivaud, d'Angoulême, connu par ses travaux et ses succès, a mérité une médaille d'argent pour l'ensemble de son exposition et notamment pour ses faux à moissonner, dont l'introduction serait si utile dans nos contrées, ainsi que pour ses bineuses.

La Commission a également décerné une médaille d'argent à M. Bouscasse, à Puilboreau (Charente-Inférieure), pour les améliorations par lui apportées à divers instrumens d'agriculture.

M. le baron de la Chevrelière, près Chef-Boutonne (Deux-Sèvres), a exposé divers instrumens, notamment un manège locomobile et une machine à battre.

M. Pinet, inventeur de ce manège locomobile, vient de recevoir récemment au concours de Blois une grande médaille d'or; la Commission a proposé un rappel de cette distinction, et elle a décerné une médaille de bronze à M. de la Chevrelière.

Une autre médaille de bronze a été donnée à M. Auger, de Châtellerault (Vienne), pour l'importation de la machine locomobile de M. Creuzé, et la Commission a demandé le rappel de la médaille d'argent que M. Creuzé vient également de recevoir au concours de Blois.

Diverses autres médailles de bronze ont été décernées par la Commission pour différens objets exposés, et la Commission veut particulièrement signaler la médaille donnée à M. Charlot, de Niort, pour les améliorations par lui introduites à la baratte rotative de Lavoisy. Ces améliorations ont paru telles, que cette baratte, ainsi perfectionnée, figurera désormais au Conservatoire de Paris, dans ce vaste dépôt des sciences mécaniques et des découvertes humaines.

La Commission, Messieurs, ne veut pas terminer son rapport sans remercier son honorable président, M. Moll, ce savant et illustre professeur qui a fait progresser l'art des machines et la science agronomique, pour l'avoir guidée dans ses investigations et pour les conseils qu'il a répandus de toutes parts au sein de cette exposition.

Puissent ces conseils, dans l'intérêt de notre agriculture, porter les plus heureux fruits.

Rapport de la Commission chargée de juger les Produits Agricoles exposés au Concours régional de Niort.

RAPPORTEUR : M. DE GROUSSEAU.

Monsieur le Préfet,
Messieurs,

La Commission, appelée à juger les produits agricoles du Concours régional, m'a chargé d'avoir l'honneur de vous présenter son rapport.

Quoique le temps presse, Messieurs, et que nous sentions très bien la nécessité d'être bref, il est une remarque générale qui, pourtant, en bonne justice, doit trouver ici sa place, et, avant d'aborder le détail des récompenses votées, nous devons dire, à l'honneur de tous les concurrens, qu'ils ont bien mérité de l'agriculture par cela même qu'ils ont pris part à la lutte, et surtout parce que le soin avec lequel chaque exposition a été fournie prouve que tout le monde a eu conscience du sérieux intérêt qui se rattache à l'institution des Concours régionaux.

L'examen, par article, des produits exposés, a souvent mis, Messieurs, la commission dans l'embarras du choix entre les lots dont la valeur ne différait que par des nuances ; notre attention s'est efforcée de s'accroître en proportion de la difficulté.

Voici, Messieurs, dans leur ordre croissant, les distinctions qui ont été votées :

1° Six mentions honorables accordées à MM. d'Assailly et de Dampierre, deux de ces hommes qu'on trouve toujours sur la brèche, quand il s'agit de donner le signal du progrès agricole ; — Arnauld, de Saint-Georges, pour ses vins et eaux-de-vie ; — Chasteau, pour reproduction de sangsues dans un marais approprié par ses soins à cette propagation ; — de la Jonie de Bergerac, pour envoi de vin, surtout son excellent échantillon blanc de Bergerac ; — Enfin, M. Garau de Balzan, pour cocons et soie filée d'un joli choix.

2° Quatre rappels de médaille. En effet, Messieurs, plusieurs de nos concurrens nous arrivaient déjà chargés des palmes de Concours antérieurs et soutenaient ici leurs glorieux précédens. Nous avons donc voté le rappel de leurs médailles à MM. Galland, de Ruffec, pour sa collection de blés, en grains et en épis, collection plusieurs fois médaillée ; — Lamothe, de Périgueux, pour belle soie et laine en suint ; — Vinet, de Fontenay-le-Comte, pour lin et chanvre magnifiques, cultivés sur une échelle de 400 hectares ; — enfin, Apercé, pour son lot nombreux et varié.

3° Quatre médailles de bronze accordées à MM. Bouscasse, directeur de la Ferme-Ecole de Puilboreau (Charente-Inférieure), pour sa graine de betterave blanche, dont il a fixé la pureté et dont l'usage se généralise de plus en plus, ainsi que pour son blé monjeau, espèce à paille raide comparable aux meilleurs blés anglais ; — de la Massardière, de Châtellerault (Vienne), qui n'a exposé qu'un petit nombre d'objets, mais d'un choix remarquable, surtout ses belles pommes de terre chardon ; — de Maubué, pour une jolie petite collection d'objets divers, aussi bien choisi qu'on pouvait l'attendre d'un homme de science et de dévouement ; — Quincarlet, fermier à François (Deux-Sèvres), pour une belle et très nombreuse collection.

4° Quatre médailles d'argent : l'une à M. Larclause, directeur de la Ferme-Ecole de Monts, pour ses beaux et nombreux produits ; l'autre à M. Serph, propriétaire agronome, aux Angremys, à qui nous avons dû la collection la plus nombreuse de grains, fourrages, graines, tubercules, etc. ; la troisième médaille d'argent a été décernée à M. Foubert.

Cet exposant, Messieurs, réunit la double qualité d'industriel et d'agriculteur, 150 hectares de betteraves cultivés par lui, après lui avoir donné, en alcool, une large indemnité de ses frais de culture, lui fournit en pulpes, dont nous avons eu un bon échantillon bien conservé, l'élément économique d'engraissement d'un nombreux bétail et, de là, les plus belles ressources en fumiers excellens. Il sera bien compris que c'est à la production agricole, et non à la production industrielle alcoolique, que cette médaille est applicable.

5° Enfin, Messieurs, une médaille d'or, la plus belle étoile des Concours, donnée à M. du Puynode, propriétaire-cultivateur à Angles (Vienne); sa collection, variée avec le soin le mieux entendu, se composait d'articles parfaitement conservés. M. du Puynode est du nombre, encore trop petit, des propriétaires qu'une belle fortune et une éducation distinguée n'empêchent pas de rester attachés, en acteurs, aux affaires de la campagne. Pour agir sur ses fermiers par la meilleure des impulsions, celle de l'exemple, il fait lui-même valoir une exploitation d'une centaine d'hectares; là sont obtenus, dans de très grandes proportions, les produits dont exhibition, par échantillon, nous a été faite. Un trait suffira pour donner la mesure des résultats obtenus au moyen de cette culture habilement intensive. M. du Puynode y trouve annuellement l'engraissement d'au moins cinquante bœufs pour Paris, sans compter ses récoltes en céréales et objets divers.

La médaille d'or a donc été offerte à un concurrent digne de la recevoir.

Tel est, Messieurs, le compte que nous avions à vous rendre, et, en résumé, la visite des produits exposés nous a donné l'heureuse conviction que, sur tous les points de notre circonscription régionale, le progrès agricole a des adeptes nombreux et intelligens.

Rapport de la Commission chargée de visiter les Exploitations qui concourent pour la Prime d'Honneur.

Monsieur le Préfet,
Messieurs,

La Commission chargée par Son Excellence M. le ministre de l'agriculture, du commerce et des travaux publics, de visiter les exploitations qui concourent pour la prime d'honneur qui va être decernée, s'est réunie l'an dernier, le 29 juin, dans cette ville, pour commencer son travail d'exploration.

Les concurrens sont au nombre de six:

L'arrondissement de Parthenay en offre quatre: M. Vincent, à la Barre-Sanglier; M. Chantreau, aux Touches; M. Guérinière, au Theuil, et M. Legrand, à la Dennelière.

L'arrondissement de Bressuire un : M. Néraudeau, à Soussigny ; et celui de Melle un : M. le baron Aymé de la Chevrelière.

La Commission a été unanime pour regretter tout d'abord un tel état de choses ; comment, en effet, un département si riche et si exclusivement agricole n'aurait-il pas un plus grand nombre de fermes habilement dirigées, donnant aux exploitans des titres sérieux à la prime d'honneur. Une modestie outrée ou le manque de comparaison pourrait-il expliquer l'abstention de cultivateurs dont la commission eut été heureuse de révéler les efforts.

Il serait impossible non plus d'alléguer l'inopportunité de l'institution ; car non-seulement cette récompense est ardemment recherchée dans tous les départemens, mais les investigations auxquelles s'est livrée la Commission lui ont permis de constater des progrès réalisés et incontestables sur presque tous les points de celui-ci ; s'ils sont récens, ils n'en sont pas moins de nature à en susciter de plus grands encore.

En instituant ce nouveau genre de stimulant et d'heureuse propagande, l'administration de l'agriculture n'a pas devancé l'heure où il pouvait produire les meilleurs résultats : elle a senti que pour faire jaillir la lumière il fallait pénétrer jusqu'au cœur de l'industrie agricole, frapper au centre des questions économiques ; aussi a-t-elle proportionné la récompense aux services qu'elle espère.

Cette nouvelle preuve de sollicitude du gouvernement de l'Empereur pour nos intérêts agricoles est un intelligent couronnement au succès de nos exhibitions, et la France sera fière d'avoir commencé la première, très sérieusement, l'étude de l'économie rurale par la voie des concours.

M'adressant ici à un auditoire appartenant presque entièrement au département, qui connaît la population rurale et les conditions agricoles du Poitou, des Deux-Sèvres, j'éviterai d'abuser de son attention et je passerai rapidement sur les études que la Commission a dû faire du pays et principalement du Bocage où se trouvent uniquement les exploitations en lice ; nous nous contenterons d'établir que presque partout les circonstances dans lesquelles s'exerce l'industrie agricole de cette intéressante contrée, sont particulièrement favorables à l'éducation du bétail, les conditions agrologiques et climatologiques, comme les habitudes du cultivateur, tout concourt au succès de cette partie importante de la production.

La culture pastorale a un grand pas à faire pour la production des céréales, qui y est presque partout l'accessoire ; mais de tous les systèmes de culture c'est celui qui se prête le mieux aux modifications heureuses et faciles qu'on peut lui faire subir sous ce rapport.

Le sol n'est pas partout fertile, mais partout il peut le devenir économiquement, par l'application judicieuse du drainace, des amendemens calcaires, des irrigations, des cultures fourragères, artificielles, des racines, des labours profonds, de la confection des engrais, etc., etc.

Mais j'ai hâte de faire connaître en peu de mots les travaux d'hommes dévoués au bien de leur pays. Au nombre des exploitations visitées par la Commission, il en est trois qui remplissent dans une certaine mesure, et mieux que toutes les autres, les conditions imposées aux concurrens : nous voulons parler de la Chevrelière, des Touches et de Soussigny.

Les traits saillans qui distinguent l'exploitation de la Chevrelière, conduite par M. le baron Aymé, sont le chaulage des terres, de copieuses fumures, la fabrication du fumier, la bonne tenue du bétail, la disposition des étables, l'emploi des instrumens perfectionnés, les magnifiques cultures, enfin l'assolement améliorant et productif.

Aux Touches, M. Chantreau peut montrer sur une grande échelle la culture des plantes sarclées d'une exécution parfaite et économique, des fromens remarquables dans un sol léger et purement granitique, de copieux marnages suivis de beaux résultats ; sa nouvelle porcherie qui peut servir de modèle.

Chez M. Néraudeau, à la ferme de Soussigny, nous nous trouvons en présence d'un fermier d'une rare intelligence et qui a le mérite d'avoir, avec un faible capital, embrassé un système de culture en même temps améliorant et progressif ; nous devons aussi mentionner les soins donnés aux troupeaux, la bonne tenue de la jachère cultivée, la culture des plantes sarclées obtenues à peu de frais, l'extension donnée aux prairies artificielles, la disposition économique du personnel et des attelages.

M. Guérinière effectue de grands travaux d'amélioration foncière ; l'extraction de la marne est remarquable au Theuil, ainsi que la disposition qui favorise la bonne fabrication des engrais et les tentatives d'amélioration de contrats de métayage.

On trouve chez M. Vincent un bon bétail, des chemins bien entretenus, des prairies naturelles en voie d'amélioration et l'emploi en grand des charrées à la culture ; enfin le bétail choisi et entretenu avec soin chez M. Legrand mérite d'être signalé à l'attention des éleveurs du département. Ce bétail est à lui seul la cause du bénéfice de l'exploitation qui, à ce point de vue, suit de près celle où la culture est le mieux entendue.

De sérieux perfectionnemens se font partout remarquer dans la Gâtine des Deux-Sèvres. On tend évidemment à augmenter le bétail, et par suite les engrais d'étable et l'emploi des amendemens; les engrais commerciaux commencent à être connus. On peut admettre que dans les exploitations où la culture est progressive sans emploi extraordinaire de capitaux, l'accroissement annuel du cheptel est de 7 à 8 p. 0/0; en même temps qu'il augmente en nombre, il gagne en qualité: l'assolement du pays se modifie sans perdre nulle part son caractère pastoral, et bien que ce principe domine, chacun s'efforce d'y introduire des modifications de détail qui le rendront, sinon de suite plus productif, au moins très améliorant pour le fonds.

Le drainage, si généralement utile, est compris et apprécié; les assainissemens, déjà exécutés sur bien des points, sont autant d'indices que son emploi bien entendu se répandra prochainement.

Les bons instrumens et les machines pénètrent peu à peu, plus vite chez le propriétaire et le fermier que chez le métayer.

Mais notre désir d'être utile nous fait un devoir de constater quelques faits regrettables qui n'ont pû échapper à la commission.

Les fumiers ne sont pas encore partout l'objet de soins en rapport avec leur importance: trop souvent épandus au sortir des étables sur une trop grande surface, ils sont ou desséchés par le soleil, ou lavés par la pluie et les eaux des bâtimens d'exploitation, sans que les purins qui s'en écoulent soient convenablement utilisés.

Nous sommes forcés de dire encore que dans un département où Jacques Bujault a répété sur tous les tons (*qu'il faut fouetter soir et matin le fermier qui ne chaule pas son grain*), on voit des champs dans lesquels on aurait de la peine à trouver un épi sur dix épargné par la carie, faute d'un soin si facile à prendre.

La charrue du pays, extrêmement défectueuse, règne encore presque partout sans partage; les bâtimens de ferme, même nouvellement construits, sont encore privés de la disposition si avantageuse d'une cour close; dans les étables, l'air chaud et humide pénètre par des ouvertures mal placées; dans la grange où le fourrage est emmagasiné, et quelquefois même ce fourrage est placé sur des perches au-dessus des animaux.

Enfin, la véritable comptabilité agricole, celle qui seule peut éclairer sur les diverses branches de la production, est non seulement négligée, mais presque absolument ignorée.

On trouve sans doute assez souvent des notes qui fournissent certains chiffres sur le résultat final de chaque exercice; mais pour ces comptes de culture, véritables flambeaux de l'économie rurale, ils n'existent dans aucune exploitation. Les livres d'une comptabilité rigoureuse auraient cependant leur utilité pour faire pénétrer dans les populations rurales les habitudes du calcul et l'exactitude du commerce et de l'industrie : mais c'est une étude qui offre peu d'attrait par elle-même, et ce n'est qu'en y attachant une grande importance dans nos écoles d'agriculture qu'on parviendra à en répandre l'usage.

Après avoir discuté avec soin le mérite des concurrens, le jury, profitant de la faculté qui lui est laissée de récompenser par une médaille d'or une branche spéciale de l'exploitation, accorde cette distinction à M. Chantreau pour ses méthodes perfectionnées de culture et la construction de sa porcherie ; une seconde médaille d'or est également décernée à M. Néraudeau pour la bonne organisation et l'excellente administration de sa ferme.

Les instructions ministérielles établissent que la prime d'honneur est particulièrement destinée à l'exploitation qui, entrée depuis longtemps dans la voie des améliorations, a obtenu des bénéfices en suivant les pratiques qu'on peut proposer comme des exemples et des modèles à imiter, le jury est heureux de trouver ces exigences remplies par l'exploitation de la Chevrelière ; ce n'est point en effet de la culture à gros capital qui y est pratiquée.

M. le baron Aymé savait bien que les capitaux sont un puissant moyen de précipiter le progrès, mais il a voulu servir d'exemple, il a opposé à la résistance du métayer une action lente, incessante et durable ; il a combattu l'absentéisme avec la meilleure des armes ; loin d'être rebuté par des obstacles qui paraissent à d'autres insurmontables, il a montré qu'en voulant revivifier la culture de son pays, on peut trouver une vie pleine de charmes, un passe-temps des plus honorables et des avantages qui profitent à la fois à l'exploitant et à tout son entourage ; en conséquence, le jury décerne la prime d'honneur à M. le baron Aymé de la Chevrelière.

PRIME D'HONNEUR.

La Prime d'Honneur décernée pour l'exploitation la mieux dirigée et qui a réalisé les améliorations les plus utiles, a été décernée à M. LE BARON AYMÉ DE LA CHEVRELIÈRE.

Une magnifique Coupe en argent et une somme de cinq mille francs lui ont été remises au milieu des bravos unanimes de l'assemblée qui applaudissait autant aux succès agricoles de M. le baron Aymé, qu'à son noble cœur et aux sentimens généreux et élevés qui sont une tradition dans sa famille.

Les récompenses ont été distribuées de la manière la plus cordiale, M. le Préfet, M. le général Allard et M. Boitel, en remettant les médailles aux cultivateurs, les félicitaient de leurs succès.

Un incident touchant a marqué cette solennité : au moment où un vieux domestique venait recevoir le prix de ses longs services et de son dévouement, son maître, qui faisait partie du jury, l'a pressé dans ses bras.

L'assemblée entière a partagé son émotion et a applaudi à ce trait charmant qui faisait autant l'éloge du domestique que de son maître.

Liste des Lauréats :

PREMIÈRE DIVISION.

ANIMAUX REPRODUCTEURS.

1re CLASSE. — ESPÈCE BOVINE.

1re catégorie.

RACES PARTHENAISE, CHOLETAISE ET NANTAISE PURES.

Mâles.

1er Prix : M. Vincent Fillion, au Plessis (Deux-Sèvres), pour un Parthenais âgé de 23 mois, n° 24, né chez l'exposant.

2e Prix : M. Vignault, à Saint-Pardoux (Deux-Sèvres), pour un Choletais âgé de 24 mois, n° 25, né chez l'exposant.

3e Prix : M. Mandin, à la Chaize (Vendée), pour un Parthenais âgé de 23 mois, n° 23, né chez l'exposant.

4e Prix : M. Gauvreau, à la Chaize (Vendée), pour un Parthenais âgé de 16 mois, n° 18, né chez l'exposant.

5e Prix : M. Guilhaud, à Parthenay (Deux-Sèvres), pour un Parthenais âgé de 27 mois, n° 32, né chez l'exposant.

Mention : M. Fillion-Pelletier, à la Touche (Deux-Sèvres), pour un Parthenais âgé de 14 mois, n° 15, né chez l'exposant.

Femelles.

1er Prix : M. Martin de Lignac, à Montlevade, près Guéret (Creuse), pour une Choletaise âgée de 8 à 9 ans, n° 60.

2e prix : M. Amirault, à Parthenay (Deux-Sèvres), pour une Parthenaise âgée de 36 mois, n° 47, née chez l'exposant.

3e Prix : M. Gaignard, à Saint-Gelais (Deux-Sèvres), pour une Parthenaise âgée de 6 ans, n° 55, née chez M. Gibault.

4e Prix : M. Marquet, à Parthenay (Deux-Sèvres), pour une Parthenaise âgée de 36 mois, n° 50, née chez l'exposant.

5e Prix : M. Disleau, à Sainte-Ouenne (Deux-Sèvres), pour une Parthenaise âgée de 6 ans, n° 57, née chez l'exposant.

6e Prix supplémentaire : M. Bouffard, à Breloux (Deux-Sèvres), pour une Choletaise âgée de 4 ans, n° 43, née chez l'exposant.

Mention : M. Gaignard, à Saint-Gelais (Deux-Sèvres), pour une Parthenaise âgée de 22 mois, n° 39, née chez M. Pouzet.

Mention : M. Martin de Lignac, à Montlevade, près Guéret (Creuse), pour une Parthenaise âgée de 8 ans, n° 58.

2me Catégorie.

RACE LIMOUSINE PURE.

Mâles.

1er Prix : M. le comte de la Salvanie, au château de Saint-Priest (Haute-Vienne), pour un Limousin âgé de 18 mois, n° 64, né chez M. de Romanet.

2e Prix : M. Marcilly de Noussat, à la Maison-Rouge (Charente-Inférieure), pour un Limousin âgé de 29 mois, n° 69.

3e Prix : M. Mailhart de la Couture, à Limoges (Haute-Vienne), pour un Limousin âgé de 28 mois, n° 68, né chez l'exposant.

4e Prix supplémentaire : M. des Termes, à Bellac (Haute-Vienne), pour un Limousin âgé de 31 mois, n° 71, né chez M. Pouyat, à Fougeray, près Limoges (Haute-Vienne).

Mention : M. Duverger, à Aixe (Haute-Vienne), pour un Limousin âgé de 21 mois 1/2, n° 66, né chez l'exposant.

Mention : M. de Lespinats, à Sereilhac (Haute-Vienne), pour un Limousin âgé de 28 mois, n° 67.

Mention : M. Pougeard, à Poitiers (Vienne), pour un Limousin âgé de 30 mois, n° 70, né chez M. Nouailher, à Berneuil (Haute-Vienne).

Mention : M. le vicomte de Villars, à Persac (Vienne), pour un Limousin âgé de 35 mois, n° 72.

Femelles.

1er Prix : M. Talamon, à Saint-Priest-Taurion (Haute-Vienne), pour une Limousine âgée de 5 ans 7 mois, n° 76.

2e Prix : M. Mailhart de la Couture, à Limoges (Haute-Vienne), pour une Limousine âgée de 48 mois, n° 75, née chez l'exposant.

3e Prix : M. Duverger, à Aixe (Haute-Vienne), pour une Limousine âgée de 28 mois 1/2, n° 73, née chez l'exposant.

3e Catégorie.

RACES FRANÇAISES DIVERSES PURES.

Mâles.

1er Prix : M. Mailhart de la Couture, à Limoges (Haute-Vienne), pour un Garonnais âgé de 23 mois, n° 80, né chez l'exposant.

2e Prix : M. Durand de Corbiac, à Bergerac (Dordogne), pour un Garonnais âgé de 20 mois, n° 78.

3e Prix : M. Toussaint Métayer, à la Guitonnière (Deux-Sèvres), pour un Salers âgé de 24 mois, n° 82.

Femelles.

1er Prix : M. Guinaudeau, à Nizeau-de-Velluire (Vendée), pour une Maraichine âgée de 6 ans, n° 104, née chez l'exposant.

2e Prix : M. Nocquet, à Melle (Deux-Sèvres), pour une Gâtinaise âgée de 36 mois, n° 94, née chez l'exposant.

3e Prix : M. Thiac, à Puyreaux, canton de Mansles (Charente), pour une Salers âgée de 6 ans, n° 98, née chez M. Albessart, à Saint-Bonnet (Cantal).

Mention : M. le baron de Chassiron, à Beauregard (Charente-Inférieure), pour une Maraichine âgée de 9 ans, n° 108.

4e Catégorie.

RACE DURHAM PURE.

Mâles.

1er Prix : M. Henri Michel, au Vigen (Haute-Vienne), pour un Durham âgé de 23 mois, n° 109, né chez l'exposant.

2e Prix : M. Bouscasse, à Puilboreau (Charente-Inférieure), pour un Durham âgé de 24 mois, n° 110, né chez l'exposant.

Femelles.

1er Prix : M. Daubin, à Magnac-Laval (Haute-Vienne), pour un Durham femelle âgée de 36 mois, n° 113, née chez M. Tuchard, à la Guerche (Cher).

5e Catégorie.

RACES ÉTRANGÈRES PURES, AUTRES QUE LA RACE DURHAM.

Mâles.

2e Prix : M. Henri Price, à Persac (Vienne), pour un Hereford âgé de 36 mois, n° 114, né chez M. le vicomte de Curzay.

Femelles.

1er Prix : M. Henri Price, à Persac (Vienne), pour une Hereford âgée de 45 mois, n° 120, née chez M. le vicomte de Curzay.
2e Prix : M. Talamon, à Saint-Priest-Taurion (Haute-Vienne), pour une Devon âgée de 26 mois, n° 119, née chez l'exposant.
3e Prix : M. le baron de la Chevrelière, à Gournay (Deux-Sèvres, pour une Hereford âgée de 20 mois, n° 118.

6e Catégorie.

RACES DIVERSES CROISÉES.

Mâles.

1er Prix : M. Bouscasse, à Puilboreau (Charente-Inférieure), pour un Durham-maraichin-parthenay âgé de 36 mois, n° 125, né chez l'exposant.

Femelles.

1er Prix : M. Henri Michel, au Vigen (Haute-Vienne), pour une Durham-limousine âgée de 48 mois, n° 130, née chez l'exposant.
2e Prix : M. Talamon, à Saint-Priest-Taurion (Haute-Vienne), pour une Limousine et du Glande âgée de 20 mois, n° 128, née chez l'exposant.
3e Prix : M. Daubin, à Magnac-Laval (Haute-Vienne), pour une Durham-charollaise âgée de 14 mois 1/2, n° 127.

2e CLASSE. — ESPÈCE OVINE.

RACES DIVERSES.

Mâles.

1er Prix : M. Noçquet, à Saint-Martin-les-Melle (Deux-Sèvres), pour un Poitevin âgé de 36 mois, n° 170, né chez M. Roy, à Saint-Léger.
2e Prix : M. le baron de la Chevrelière, à Gournay (Deux-Sèvres), pour un Poitevin âgé de 14 mois, n° 143, né chez M. Bouchet, à Couhé (Vienne).
3e Prix : M. Pouvreau, à Rouvres (Deux-Sèvres), pour un Poitevin âgé de 13 mois, n° 141, né chez M. Sicot.
4e Prix : M. le marquis de Dampierre, au château de Plassac (Charente-Inférieure), pour un South-down âgé de 24 mois, n° 162, né chez l'exposant.

5e Prix : M. de Maubué, à Niort (Deux-Sèvres), pour un New-leicester âgé de 36 mois, n° 168, né chez M. Montaut, près Laval (Mayenne).

6e Prix : M. de Puybaudet, à Château-Ponsac (Haute-Vienne), pour un South-down âgé de 18 mois, n° 152.

Mention : M. le marquis de Dampierre, au château de Plassac (Charente-Inférieure), pour un South-down-gâtinais âgé de 13 mois, n° 36, né chez l'exposant.

Mention : M. le baron de la Chevrelière, à Gournay (Deux-Sèvres), pour un South-down-poitevin âgé de 14 mois, n° 144.

Mention : M. Thiac, à Puyreaux, canton de Mansles (Charente), pour un South-down-poitevin âgé de 16 mois, n° 151, né chez l'exposant.

Femelles.

1er Prix : M. Pouvreau, à Rouvres (Deux-Sèvres), pour des Poitevines de 3 à 5 ans, n° 185, nées chez l'exposant.

2e Prix : M. Apercé, à François (Deux-Sèvres), pour des New-kent-poitevines de 12 à 48 mois, n° 179.

3e Prix : M. de la Massardière, à Châtellerault (Vienne), pour des Charmoises-poitevines de 12 à 36 mois, n° 176, nées chez l'exposant.

4e Prix : M. Boyer, à Coulanges (Charente-Inférieure), pour des Mérinos de 24 à 36 mois, n° 178, nées chez l'exposant.

3e CLASSE. — ESPÈCE PORCINE.

1re Catégorie.

RACES INDIGÈNES PURES.

Mâles.

1er Prix : M. Bonneau, à Sepvret (Deux-Sèvres), pour un Craonnais âgé de 22 mois, n° 192.

2e Prix : M. Basty, à Saint-Christophe-sur-Roc (Deux-Sèvres), pour un Indigène âgé de 10 mois, n° 189, né chez M. Cholet, à Augé.

Femelles.

1er Prix : M. Pouvreau, à Rouvres (Deux-Sèvres), pour une Craonnaise âgée de 22 mois, n° 198, née chez l'exposant.

2e Prix : M. Gaignard, à Saint-Gelais (Deux-Sèvres), pour une Craonnaise âgée de 24 mois, n° 200, née chez M. Roquet.

2e Catégorie.

RACES ÉTRANGÈRES CROISÉES.

Mâles

1er Prix : M. de la Prade, à Mazerolles (Vienne), pour un Yorkshire âgé de 19 mois, n° 221, né chez M. Chomel-Adam, à Boulogne-sur-Mer (Pas-de-Calais).

2e Prix : M. de la Massardière, à Châtellerault (Vienne), pour un New-leicester âgé de 30 mois, n° 225, né chez M. de la Tullaye, au Ménil (Mayenne).

3e Prix : M. Brossard, à Secondigny (Deux-Sèvres), pour un Craonnais croisé âgé de 17 mois, n° 220, né chez M. Morisset, à Secondigny.

Mention : M. Beaudet, à Saint-Maixent (Deux-Sèvres), pour un Anglais âgé de 7 mois, n° 206, né à l'école impériale d'agriculture de Grignon.

Mention : M. le marquis de Dampierre, au château de Plassac (Charente-Inférieure), pour un New-leicester âgé de 12 mois, n° 214, né chez l'exposant.

Femelles.

1er Prix : M. le baron de la Chevrelière, à Gournay (Deux-Sèvres), pour une Manchester âgée de 36 mois, n° 248, née chez l'exposant.

2e Prix : M. de la Prade, à Mazerolles (Vienne), pour une New-leicester âgée de 12 mois, n° 238, née chez M. le marquis de Dampierre.

Mention : M. de la Massardière, à Châtellerault (Vienne), pour une New-leicester âgée de 20 mois, n° 244, née chez M. de la Tullaye, précité.

ANIMAUX DE BASSE-COUR.

Prime : Mme de Loinville, à Niort (Deux-Sèvres), pour poule Brahma-poutra avec sa couvée, n° 269.

Prime : Mme de Loinville, pour coq et poules Brahma-poutra, n° 272.

Prime : Mme Serph, aux Angremy (Vienne), pour coq et poules Crèvecœur, n° 276.

Prime : Mme Serph, pour coq et poules cochinchinois, jaunes, n° 277.

Prime : M. Apercé, à François (Deux-Sèvres), pour coq et poules de Barbezieux, n° 250.

Prime : M. Bardet-Blot, à Châtillon-sur-Thouet (Deux-Sèvres), pour coq et poules Brahma-poutra, n° 254.

Prime : M. le baron de la Chevrelière, à Gournay (Deux-Sèvres), pour coq et poules Crèvecœur, n° 259.

Prime : M. le baron de la Chevrelière, pour canards, mâle et femelles, n° 260.

DEUXIÈME DIVISION.

INSTRUMENS.

MACHINES, USTENSILES ET APPAREILS AGRICOLES.

Médaille d'or : M. Legendre, à Saint-Jean-d'Angély, pour diverses Machines et Instrumens agricoles, n°s 58 à 89.

Médaille d'argent : M. Hérissé, à la Revêtison (Deux-Sèvres), pour divers Instrumens agricoles, n°s 54 à 57.

Médaille d'argent : M. Coëffard, à Belluire (Charente-Inférieure), pour une Moissonneuse, n° 38.

Médaille d'argent : M. Desport, à Nontron (Dordogne), pour divers Instrumens aratoires, n°s 39 à 47.

Médaille d'argent : M. Bouscasse, à Puilboreau (Charente-Inférieure), pour une charrue pour labours légers, n° 32.

Médaille d'argent : M. Marot aîné, à Niort (Deux-Sèvres), pour diverses Machines et Instrumens agricoles, n°s 95 à 105.

Médaille d'argent : M. Bergeron, à la Foye-Monjault (Deux-Sèvres), pour divers Instrumens et Machines agricoles, de 21 à 23, exécutés par l'exposant.

Médaille de bronze : M. Baradeau, à Tauché (Deux-Sèvres), pour un Trieur à alvéoles et à hélice, n° 24.

Médaille de bronze : M. Bédin, à Niort (Deux-Sèvres), pour diverses Machines agricoles, n°s 25 à 28.

Médaille de bronze : M. d'Assailly, à Vouillé (Deux-Sèvres), pour divers Instrumens et Machines agricoles, de 3 à 16.

Deux Médailles de bronze : M. Charlot, à Niort (Deux-Sèvres), pour deux barattes, n°s 33 et 34.

Médaille de bronze : M. Garsuault, à Thouars (Deux-Sèvres), pour deux Houes à cheval, n°s 9 et 50.

Médaille de bronze : M. Goguet, à Gript (Deux-Sèvres), pour deux charrues, n°s 51 et 52.

Médaille de bronze : M. Machet, à Charroux (Vienne), pour une Charrue à soc mobile, n° 92.

Médaille de bronze : M. Petit, à Niort (Deux-Sèvres), pour deux Moisonneuses, n°s 109 et 110.

Médaille de bronze : M. Petit-Omer, à Melle (Deux-Sèvres), ɔur diverses Machines agricoles et Moulins, n°s 111 à 118.

Médaille de bronze : M. Peyry, à La Rochelle (Charente-Inféeure), pour divers Instrumens aratoires, n°s 110, 120 et 121.

Médaille de bronze : M. Peyry-Gibre, à La Rochelle (Charenteférieure), pour un Coupe-Racine, n° 122.

Médaille de bronze : M. Roux, à Secondigny (Deux-Sèvres), ɔur diverses Charrues, n°s 125, 126 et 127.

Médaille de bronze : M. Wèbre, à Niort (Deux-Sèvres), pour ı Taille-pain, n° 134, inventé et exécuté par l'exposant.

Médaille de bronze : M. Wells-Grollier, à Poitiers (Vienne), ɔur divers Instrumens agricoles, de 135 à 200, perfectionnés exécutés par l'exposant.

Mention : M. Meillet, à Poitiers (Vienne), pour Pierres articielles pour aiguiser les faux, n° 106.

Mention : M. Bonnaud, à Mauzé (Deux-Sèvres), pour un ylindre à râpes, n° 30.

Rappel de Médaille d'or : M. Pinet.

Rappel de Médaille d'or : MM. Renault et Lotz.

Rappel de Médaille d'argent : M. Auger, à Châtellerault Vienne), pour divers Instrumens et Machines agricoles, de 17 18.

Rappel de Médaille d'argent : M. Rivaud.

Rappel de Médaille de bronze : M. Onillon.

Rappel de Médaille de bronze : M. Schmitt.

Rappel de Médaille de bronze : M. Talon.

Rappel de Mention : M. Mousset.

Rappel de Mention : M. Saint-André.

TROISIÈME DIVISION.

PRODUITS AGRICOLES.

Médaille d'or : M. du Puynode, à Angle-sur-l'Anglais (Vienne), pour divers produits agricoles, de 112 à 126.

Médaille d'argent : M. Serph, aux Angremys (Deux-Sèvres), pour divers produits agricoles, de 167 à 203.

Médaille d'argent : M. Foubert, à Niort (Deux-Sèvres), pour livers produits agricoles, de 51 à 57.

Médaille d'argent : M. Larclause, directeur de la fermeÉcole de Monts (Vienne), pour divers produits agricoles, de 67 à 79.

Médaille de bronze : M. Bouscasse, directeur de la fermeécole de Puilboreau (Charente-Inférieure), pour divers produits agricoles, de 42 et 43.

Médaille de bronze : M. Lamothe, à Périgueux (Dordogne), pour divers produits agricoles, de 80 à 86.

Médaille de bronze : M. de la Massardière, à Châtellerault (Vienne), pour divers produits agricoles, de 90 à 93.

Médaille de bronze : M. de Maubué, à Niort (Deux-Sèvres), pour divers produits agricoles, de 94 à 103.

Médaille de bronze : M. Quincarlet, à François (Deux-Sèvres), pour divers produits agricoles, de 127 à 166.

Rappel de médaille : M. Galland, à Ruffec (Charente), pour collection de céréales en grains et en épis, n° 58.

Rappel de médaille d'argent pour les instrumens agricoles : MM. Rimbert frères, de Cenon (Vienne).

Rappel de médaille : M. Vinet, à Fontenay-le-Comte (Vendée), pour divers produits agricoles, de 204 à 209.

Rappel de médaille : M. Apercé, à François (Deux-Sèvres), pour divers produits agricoles, de 2 à 30.

Mention honorable : M. Arnauld, de Saint-Georges-de-Rex (Deux-Sèvres), pour ses vins et eaux-de-vie, de 31 à 34.

Mention honorable : M. d'Assailly, à Vouillé (Deux-Sèvres), pour divers produits agricoles, de 35 à 40.

Mention honorable : M. le marquis de Dampierre, au château de Plassac (Charente-Inférieure), pour divers produits agricoles, de 46 à 49.

Mention honorable : M. Chasteau, aux Magnoux (Deux-Sèvres), pour production de sangsues dans un marais.

Mention honorable : M. Garau de Balzan, pour cocons et soie filée, numéros 59 et 60.

Mention honorable : M. Lajonie, à Bergerac (Dordogne), pour divers produits agricoles, de 64 à 66.

RÉCOMPENSES AUX SERVITEURS RURAUX.

Une médaille d'argent et 50 fr. au sieur Jean Thomas, employé depuis 30 ans chez M. Gauvreau, propriétaire du taureau qui a obtenu le 4e prix de la 1re catégorie de la 1re classe.

Une médaille d'argent et 50 fr. au sieur Momont, employé depuis 25 ans chez M. Mailhart de la Couture, propriétaire des animaux qui ont obtenu 3 prix dans la 1re classe.

Une médaille d'argent et 50 fr. au sieur Courtiaux, employé depuis 18 ans chez M. Armand Daubin, propriétaire ayant obtenu 2 prix dans la 1re classe.

Une médaille d'argent et 50 fr. au sieur Narbonne, employé depuis 12 ans chez M. Henri Michel, propriétaire du taureau qui a obtenu le 1er prix de la 4e catégorie de la 1re classe.

Une médaille d'argent et 50 fr. au sieur Colombier, employé depuis 12 ans chez M. Duverger, propriétaire du taureau qui a obtenu le 3e prix de la 2e catégorie de la 1re classe.

Une médaille d'argent et 45 fr. au sieur Barbeteau, employé depuis 8 ans chez M. Talamon, propriétaire ayant obtenu 3 prix dans la première classe.

Une médaille d'argent et 45 fr. au sieur Boudeau, employé chez M. de la Salvanie, propriétaire du taureau qui a obtenu le 1er prix de la 2e catégorie de la 1re classe.

Une médaille d'argent et 45 fr. au sieur Andrieux, employé depuis 7 ans chez M. Martin de Lignac, propriétaire de la vache qui a obtenu le 1er prix de la 1re catégorie de la 1re classe.

Une médaille d'argent et 45 fr. au sieur Rageot, employé depuis 9 ans chez M. Durand de Corbiac, propriétaire du taureau qui a obtenu le 2e prix de la 3e catégorie de la 1re classe.

Une médaille d'argent et 45 fr. au sieur Jean Dagonnet, employé depuis 8 ans chez M. de la Prade, propriétaire ayant obtenu 2 prix dans la 3e classe.

Une médaille d'argent et 25 fr. au sieur Fayet, employé chez M. Thiac, propriétaire ayant obtenu 2 prix dans la 1re classe.

Banquet offert par la ville de Niort.

Un splendide banquet de deux cent cinquante couverts, était préparé dans la salle du manège du quartier de cavalerie, que M. le colonel du 8e hussards avait gracieusement mis à la disposition de la ville. Cette immense salle était disposée avec un grande habileté et un goût parfait par M. le capitaine comte Bruyère, qui avait bien voulu diriger l'ornementation de cette fête. Les grands arbres qui cachaient les murs, les massifs gazonnés qui égayaient la vue, les écussons militaires, les drapeaux, les emblêmes aux initiales de l'Empereur et de l'Impératice, avaient transformé cette salle en un magnifique jardin. Sur un piédestal de verdure reposait un trophée agricole, près duquel étaient placés le buste de l'Empereur et celui de Jacques Bujault.

Nous avons regretté que la même foule, qui assistait à la distribution des médailles, n'ait pas pu venir contempler cette salle magnifique, où la place du cultivateur, du jardinier, était marquée près de celle du magistrat, de l'officier, du propriétaire.

M. le Préfet des Deux-Sèvres devait recueillir, dans cette fête, un nouveau triomphe. L'impression produite par ses éloquentes paroles du matin était encore dans toute sa vivacité, lorsque l'heure des toasts est arrivée. C'est au milieu du plus grand silence que M. le Préfet a pris la parole. La grande attention avec laquelle ce toast a été écouté, nous a permis d'en recueillir le texte :

« Je propose, Messieurs, un toast auquel tous vous vous associerez du cœur et de la voix.

A L'EMPEREUR !

C'est à lui, c'est à son énergie — c'est à sa sollicitude — c'est à son génie que nous devons le retour de la dignité nationale et du calme qui permet l'étude dans le travail et les succès que nous avons couronnés aujourd'hui. — Par lui nos armes se sont couvertes d'une gloire nouvelle qui n'a rien à envier à nos anciennes gloires, et qui fait que la France est redevenue ce qu'elle ne doit plus cesser d'être, on l'a déjà dit, répétons-le : la plus grande, la plus forte, la plus respectée et la plus redoutée parmi les nations de la terre. (Bravos unanimes).

En retour des bienfaits dus à son règne, entourons-le de notre reconnaissance et de notre dévoûment. — Quel guide plus sûr la France pourrait-elle se donner ? — Ses preuves ne sont-elles pas faites : — Fidèle à son grand nom, il en a rajeuni l'éclat, et cet éclat est si grand qu'il rayonne sur le monde, et les pervers les plus endurcis en sont éblouis, et leur bras tremble et s'égare, quand, coupable, il ose se lever contre l'élu de la France. — (Applaudissemens prolongés).

Grand et magnifique spectacle, bien fait pour élever nos cœurs et exciter en nous le sentiment national comme il ne l'a jamais été à aucune époque de notre histoire ! — les nations s'associent à nos joies et à nos douleurs. — La France calme et prospère rend les peuples prospères et calmes : — La France agitée ,inquiète, ébranle les trônes et sème la crainte et l'épouvante. — Aussi, voyez-vous les souverains se donner rendez-vous, accourir eux-mêmes ou par les héritiers présomptifs dans notre palais impérial, devenu la métropole de l'univers, saluer le glorieux Empereur, rendant ainsi le plus éclatant hommage à la grande nation, le plus éloquent hommage à la majesté de la sagesse, plus grande et plus irrésistible encore que la majesté de la puissance. — »

Nous sommes impuissans à rendre l'effet magique produit par ces grandes et patriotiques paroles. Les cris de *Vive l'Empereur!* étaient unanimes. Il y avait du frémissement patriotique dans tous les cœurs ; on se sentait élevé et agrandi ; on était fier et l'on confondait dans tous ces sentimens l'Empereur, le pays, les grandes solennités qui nous valaient de si nobles émotions et le magistrat qui en était le si éloquent interprète.

M. Proust, Maire de la ville de Niort, a porté un toast en ces termes :

« Je porte la santé de S. M. l'Impératrice et de S. A. le Prince Impérial.

Messieurs,

Je n'entreprendrai pas d'énumérer les titres que possède S. M. l'Impératrice à l'amour du peuple français : gracieuse, bienveillante, saisissant avec empressement l'occasion d'exercer son inépuisable bienfaisance, protectrice des Salles d'asile, des Sociétés de charité maternelle et d'une foule d'autres Institutions charitables, S. M. a su aussi montrer dans maintes circonstances qu'aux qualités du cœur, elle savait allier la dignité et la grandeur d'âme d'une Souveraine.

Enfin, Messieurs, elle est mère de S. A. le Prince Impérial, espoir de la patrie, du Prince Impérial, appelé à succéder au Trône lorsque l'heure fatale, que Dieu veuille éloigner de nous, aura sonné pour S. M. l'Empereur. Espérons que ce jeune Prince héritera de son illustre Père, de sa prudence, de son profond sentiment des institutions qui conviennent au caractère et à l'esprit français, de cette fermeté inébranlable qui assure le succès des grandes entreprises, et enfin que le règne du Prince Impérial ne sera, pour ceux qui viendront après nous, que la continuation de celui de l'Empereur Napoléon III.

Vive l'Impératrice ! Vive le Prince Impérial !

M. le général Allard a pris la parole et porté le toast suivant :

Messieurs,

Je serai l'interprète des sentimens de l'assemblée entière en adressant à M. l'Inspecteur général de l'agriculture les remerciemens les plus vifs pour le talent distingué et l'urbanité parfaite avec lesquels il a dirigé les opérations du Concours régional.

J'adresse les mêmes remerciemens à MM. les Membres du Jury, qui ont su apporter dans leurs fonctions, souvent délicates, un savoir remarquable, un esprit auquel tout le monde a applaudi, et un dévouement à toute épreuve.

L'agriculture était digne de ces nobles efforts, et c'est pour lui rendre, encore une fois, un sympathique hommage que je vous propose ce toast :

A l'avenir de l'agriculture dans les neuf départemens qui composent la région, et aux succès de ces hommes courageux qui, dans toutes les conditions, lui ont voué leurs travaux.

A L'AGRICULTURE !

M. le baron de Clouzeau, membre du Jury, a porté un toast à M. le Préfet des Deux-Sèvres et à la ville de Niort, pour leur cordiale hospitalité. Notre mémoire du cœur ne faillira jamais, s'est-il écrié, et nous nous souviendrons toujours de cette splendide réception. Nous emportons la plus profonde impression des paroles prononcées par M. le Préfet des Deux-Sèvres. Jamais plus grands et plus nobles sentimens n'ont été exprimés en plus magnifique langage.

Je porte un toast :

A M. LE PRÉFET DES DEUX-SÈVRES !

A LA VILLE DE NIORT !

M. Thiac, membre du Jury, a porté un toast à Mme de Loinville. Je suis interprète de vos sentimens à tous, en portant un toast qui vous est cher.

A Mme DE LOINVILLE !

Tous ces toasts ont été acclamés d'enthousiasme. Des groupes se sont ensuite formés autour du massif qui supportait le trophée agricole et longtemps encore les convives ont échangé des impressions que les toasts leur avaient fait éprouver.

Illumination du Jardin public.

A huit heures du soir, les portes du Jardin public sont ouvertes à l'impatience d'une foule immense.

A la porte d'entrée se trouvent deux obélisques éclairés par des verres de couleur.

Les promenades Saint-Gelais sont richement décorées de guirlandes supportant des lustres dont l'ensemble forme un plafond magique ; au fond et à droite de l'avenue, des massifs sont jonchés de lanternes vénitiennes disposées avec art ; à auche, l'admiration est à son comble en apercevant la totalité es illuminations, et principalement la Sèvre dormante sur laquelle glissent des gondoles richement pavoisées : ce qui surout fixe l'attention du visiteur, c'est la gondole-maîtresse, able, préparée pour la musique, et dont l'effet est des plus eureux.

Toutes les petites barques étaient astreintes à tourner autour 'elle et avec lenteur. Nous fûmes très heureux d'avoir parmi es promeneurs de nos barques des chanteurs et chanteuses, qui nt fait entendre pendant la fête des chants allégoriques.

L'entrée basse du jardin était décorée de verres de couleur, ne salle formée de guirlandes, supportant des lustres, se trouait sous les grands marronniers ; la clarté des lumières se mêlant avec la verdure des arbres, produisait un heureux effet.

Le fond de l'avenue qui conduit à l'établissement hydraulique était disposé de manière à offrir une charmante perspective produite par cette belle allée de marronniers faiblement éclairée avec des lanternes vénitiennes, afin de faire ressortir davantage le point lumineux ménagé à cet effet à son extrémité. Des verres dessinaient la porte d'entrée, dont le centre était surmonté d'une étoile ; au bas et de chaque côté deux ifs complétaient ce tableau.

Enfin, deux autres points décorés avec goût ont mérité l'approbation des visiteurs.

Les éclaireurs, au nombre de 30, qui parcouraient le jardin tenant à la main une lanterne surmontée d'un drapeau donnaient à l'ensemble de la fête le caractère des fêtes de Venise.

La gondole-maîtresse, qui avait été ornée par les soins de M. l'ingénieur Vallet, présentait une large arcade surmontée d'un entablement et couronnée d'un fronton qui en formait l'entrée ; de chaque côté étaient des pilastres qui supportaient les inscriptions transparentes de : *Vive l'Empereur! Vive l'Impératrice!* et dans le fronton se trouvait celle de *vive le Prince impérial!* A droite et à gauche des ouvertures avaient été ménagées : elles étaient couronnées de guirlandes qui, en s'ondulant, allaient se perdre à l'extrémité des mâts de perroquet. Une autre guirlande partant du haut du mât, et allant se relier avec les extrémités de la gondole, donnait à l'ensemble un caractère de grandeur et d'élégance que rehaussaient encore le pavillon et les pavois.

De temps à autre, des feux du Bengale jetaient leurs vives lueurs sur les massifs des arbres du jardin, et donnaient à leur feuillage une teinte d'or et de pourpre. Puis, dans le lointain, on admirait notre vieux donjon, dont les créneaux étaient dessinés en traits de feu, et à quelques kilomètres à l'horizon, on remarquait une ligne flamboyante : c'était M. le marquis de Sainte-Hermine, membre du jury du congrès régional, qui avait fait illuminer sa charmante habitation qui occupe le coteau de Ribray.

La foule était immense, et elle ne s'est écoulée qu'à onze heures.

C'est à cette heure que les salons de la préfecture s'ouvraient pour recevoir les étrangers qui assistaient à notre Concours, et la société Niortaise.

C'est avec empressement que les invités ont répondu à l'appel qui leur avait été si gracieusement adressé. Les plus brillantes et les plus fraîches toilettes donnaient un admirable éclat à cette fête. Le bal s'est prolongé jusqu'à quatre heures ; les honneurs en ont été faits avec une bienveillante urbanité par M. le Préfet, et avec une grâce parfaite par Mme de Loinville. C'est avec bien du regret qu'on se retirait de cette fête grandiose et magnifique.

Disons que les préparatifs de cette fête avaient été faits avec un goût parfait et la plus grande activité par M. Thénadey, architecte de la ville de Niort, et par M. F. Vallet, notre compatriote, élève de l'école impériale des Beaux-Arts, qui s'était empressé de prêter son concours à l'embellissement de nos fêtes.

Remercions aussi le régiment de hussards, qui a bien voulu nous donner un magnifique carrousel où les cavaliers ont déployé une adresse et une habileté admirables. Une quête, faite par les officiers, a couronné cette fête.

Maintenant que notre Concours est terminé, que nous avons vu ces flots immenses de populations étrangères qui sont accourues dans notre ville, que nous avons recueilli leurs marques de satisfaction, nous pouvons dire que cette fête de l'agriculture a complètement atteint son but. Nos voisins ont admiré notre Concours ; ils ont surtout été étonnés de la sympathie qui portait toutes les classes de la société à s'intéresser à l'art agricole. Ils ont remporté un excellent souvenir de cette solennité, et ils nous ont donné rendez-vous dans leurs cités où nous avons la certitude de trouver une cordiale hospitalité et de constater de nouveaux progrès et de nouvelles améliorations.

Exposition de la Société d'Horticulture et d'Arboriculture des Deux-Sèvres.

La distribution des récompenses pour les exposans a eu lieu avec une grande solennité. Le discours de M. de Meschinet et le rapport de M. Gusman Serph apprécient d'une manière complète l'importance de cette Exposition et le mérite des exposans :

Discours de M. de Meschinet, Président.

Mesdames et Messieurs,

En juin 1854, avait lieu à Niort la troisième exposition des produits horticoles de notre département.

Depuis cette époque, Messieurs, la Société d'Horticulture et d'Arboriculture des Deux-Sèvres n'a pas cessé d'exister, d'étudier et d'agir; craignant de fatiguer votre bienveillante attention en vous offrant chaque année ses fruits, ses légumes et ses fleurs à admirer, elle est allée chercher au loin des succès plus glorieux. En 1855, un de ses membres remportait à l'Exposition universelle une médaille d'argent pour ses produits exposés; en 1856, à la magnifique exposition du Palais de l'Industrie, quatre horticulteurs niortais ont été médaillés, et l'an dernier encore, l'un d'eux recevait, pour la troisième fois, une médaille d'honneur à l'exposition de la Seine.

Dans sa sollicitude pour tous ceux qui travaillent la terre, la Société s'est demandé s'il n'y aurait pas un moyen de rattacher aux travaux de la campagne cette foule de bras qui, incessamment, lui échappent pour rester le plus souvent oisifs dans nos villes ; et, partant de ce fait, que l'enfance est portée à l'imitation, qu'elle copie, sans le vouloir, ce qu'elle voit faire, et que presque toujours elle y puise les goûts qui gouvernent sa destinée, elle a cherché à faire naître dans les écoles primaires, là où grandissent les enfans des champs, des faits à imiter et des goûts à contracter.

Aidés des vœux de M. le Préfet et des conseils de M. l'inspecteur de l'académie, nous avons convié à la science qui nous est chère les instituteurs primaires du département, et après leur avoir dit le moyen d'insinuer dans ces jeunes intelligences le goût des soins de la terre, nous leur avons offert notre appui, l'entrée de nos séances, et des récompenses même pour eux et leurs élèves les plus méritans.

Malgré nos promesses et tous nos efforts, soit timidité, soit apathie, soit indifférence, pas un instituteur, vous le verrez bientôt, Messieurs, ne s'est présenté pour recevoir la prime offerte par notre programme.

Espérons que, mieux pénétrés des devoirs qu'ils ont à remplir près des pères de famille et des enfans qui leur sont confiés, que mieux instruits des désirs de l'Académie et de S. Exc. M. le Ministre, et surtout de la volonté impériale, Messieurs les instituteurs voudront bien comprendre qu'il leur faut étudier les notions agrico-horticoles et les transmettre à leurs élèves.

Le goût des fruits est un goût répandu de toute part ; chacun les aime ; chacun les cultive ; personne ne les connaît, tant les noms que leur donne le commerce sont différens et bizarres. La Société ne veut pas qu'il en soit ainsi ; pour mettre tout le monde à même de définir le fruit qu'il aime, elle vient d'acquérir la magnifique collection de fruits plastiques tant admirée à l'exposition. Ces fruits, véritables chefs-d'œuvre dus au talent de M. Buchetet, de Paris, seront déposés au lieu même du musée de la ville, afin que quiconque, jardinier ou amateur, désirant faire un choix d'arbres ou déterminer un fruit, puisse le faire sans recherches, sans fatigue et dans quelques secondes.

Non-seulement, Messieurs, la Société d'Horticulture des Deux-Sèvres sait comprendre le progrès et s'y associer ; mais elle ose quelquefois lui apporter le tribut de ses études.

Vous trouverez dans ces annales le résultat d'expériences faites sur la sensibilité des plantes, je ne dis pas *mobilité*, je dis la *sensibilité*, parce que nous sommes de l'avis de ceux qui pensent et qui prouvent que les plantes ont des nerfs et tout un système de sensibilité analogue à celui de certains animaux.

Vous pourrez y lire, écrites depuis plus de deux ans déjà, des études faites sur des plantes nouvelles : sur l'igname de la Chine et le sorgho sucré, ces deux acquisitions récentes dus à notre consul en Chine, M. de Montigny, qui sont venues la même année s'offrir, l'une pour remplacer la pomme de terre malade, l'autre pour produire l'esprit que l'on retire du fruit de la vigne, devenu rare et frappé d'oïdium.

L'igname ou dioscorée de la Chine, malgré la délicatesse de sa fécule, malgré son goût sucré et sa résistance aux froids de notre climat, nous a paru tout d'abord ne devoir jamais trouver place dans la grande culture ; quant au sorgho notre avis fut contraire, et les premiers nous parlâmes de ses rejets, de sa facilité à repousser, de la possibilité d'en faire plusieurs coupes comme fourrage vert, de l'avidité du bétail pour ses tiges sèches, et, enfin, de la possibilité expérimentée de le cultiver avec succès dans nos contrées de l'Ouest, en ayant soin de retarder la mise en terre de sa graine jusqu'au milieu de mai.

Le monde horticole, Messieurs, est aujourd'hui tout porté vers l'arboriculture, dont il apprécie l'utilité et entrevoit l'avenir. La question à l'ordre du jour est celle de la taille.

Cette question importante, qui touche par l'élagage à nos forêts, et qui est la source unique et féconde de nos plus beaux fruits, grâce au génie de certains hommes et à l'appréciation plus juste de l'ébourgeonnement, du pincement des tiges et autres faits physiologiques, est définitivement entrée dans une période de progrès.

Dès le temps de Virgile, vous le savez, on taillait les arbres, puisqu'on leur coupait l'extrémité des tiges, pour en multiplier les branches. En 1640, la taille ne consistait encore qu'à supprimer quelques branches trop vigoureuses; mais bientôt vinrent les espaliers, qui furent, dans le principe, des arbres plantés simplement près d'un mur, les branches maintenues à l'aide de pieux, et, presque aussitôt, parut le fameux ouvrage de Laquintinie, sur les jardins.

De Laquintinie, notre compatriote, Messieurs, s'il faut en croire quelques écrivains, ce jardinier des cours de France et d'Angleterre, fit faire un pas de géant à la science des arbres; malgré cela, bien des erreurs lui survécurent, et ce fait si vrai: la suppression des branches à bois jette la sève dans les branches à fruits, conduisit à une exagération telle de la taille, que le bon Lafontaine s'en aperçut et qu'il fit dire à son philosophe Scythe, dans sa fable:

. . . .
Il ôte chez lui les branches les plus belles.
Il tronque son verger contre toute raison,
Sans observer temps ni saison.
. . . .

Au commencement du siècle parurent le précieux Traité des arbres fruitiers de Duhamel et les écrits de Thouin et de Forsyth, puis surgit l'école de Montreuil, avec sa taille basée sur les fonctions physiologiques des feuilles, des branches et des racines.

Les Dupetit-Thouars, les Turpin, les Noisettes, et, de nos jours, les Hardy, les Dubreuil, les Lepère, ont successivement élargi la taille et ont fait comprendre que la sève emprisonnée dans des canaux trop étroits s'y coagule et y fermente, ou les brise en s'échappant en branches gourmandes, c'est-à-dire inutiles.

Cette taille perfectionnée, Messieurs, qui ne mutile plus ces pauvres arbres, mais qui leur fait naître des branches là où elles sont utiles et doivent produire; cette taille qui laisse prendre aux arbres en 2 ou 3 ans des dimensions qu'ils n'atteignaient pas dans dix ; cette taille raisonnée, la seule acceptable, a été apportée dans notre département par deux élèves de la grande école, par deux arboriculteurs émérites, dont vous entendrez bientôt proclamer les noms.

Qui donc pourrait encore taxer l'horticulture d'être une science frivole et futile, et accuser ceux qui la professent de passer leur temps à jouer avec des fleurs?...

Le produit des jardins est une source d'existence et de fortune pour les classes laborieuses ; son jardin ! c'est la source des vraies jouissances pour l'homme riche; le jardin, je le disais il y a quatre ans, c'est le creuset où s'étudie, se perfectionne et s'épure la plante qui, plus tard, doit appartenir aux champs et faire vivre les industries. Telles furent la betterave et la pomme de terre ! tel est aujourd'hui le sorgho qui nous occupe.

Notre Exposition, Messieurs, si contrariée par cette époque de l'année, dépourvue de fleurs et de fruits, par les froids tardifs et par les pluies des derniers jours, n'a pu étaler à vos yeux que quelques-unes de nos richesses ; mais pardonnez à nos horticulteurs, ils ont su lutter courageusement contre les difficultés de toutes sortes, ils ont fait tous leurs efforts ; puis, douteriez-vous de leur savoir, ils vous montreraient les prix remportés au Palais de l'Industrie.

Honneur donc à nos bons jardiniers des Deux-Sèvres et à leurs collègues de la Vienne.

Honneur à Messieurs les amateurs, qui ont prêté à cette charmante fête l'éclat si brillant de leurs plantes.

Honneur et reconnaissance à M. le Préfet, à MM. les membres du Conseil général, qui, depuis sept années, comprenant les besoins du pays et ceux de la société, ont soutenu notre zèle et nous ont aidé dans le bien que nous avons pu faire.

Grâces soient enfin rendues à M. le Maire de Niort et à M. l'Inspecteur général de l'agriculture, qui ont mis à notre disposition cette magnifique tente et qui ont voulu, Mesdames, en protégeant vos fronts des ardeurs du soleil, vous permettre de visiter souvent nos filles adoptives, les fleurs, vos rivales.

Discours de M. Gusman Serph, Secrétaire.

Mesdames et Messieurs,

Un agriculteur que Jacques Bujault appelait le meilleur de ses élèves, nous a laissé, comme image de lui-même, ces quelques lignes dans lesquelles il se dépeignait tout entier :

« Vous savez mon amour pour l'agriculture, je suis à elle de cœur et d'âme : c'est par elle que nous vivons, que nous obtenons les trésors qu'elle recèle, que le bonheur nous arrive.

« Mais j'aime autant sa sœur l'horticulture, qui couvre nos tables de ses légumes si savoureux, de ses fruits délicieux, et qui, mieux pratiquée, nous assurerait pour tous les jours des ressources si variées, si saines et si exquises. »

Cet amour que M. Savin-Larclause partageait aussi, je viens l'invoquer aujourd'hui pour moi-même, avec l'espérance qu'il me vaudra toute l'indulgence que je vous prie de m'accorder.

Ma tâche est cependant facile. Organe de deux Commissions élues par la Société tout entière pour visiter les pépinières et les jardins, pour examiner les travaux horticoles et décerner les médailles pour les plantes et produits exposés, nous n'avons que des éloges à adresser à deux de nos jardiniers, heureux élèves de Lepère : à MM. Defond et Boreau, qui nous ont ouvert les portes de leurs délicieux jardins ; à M. Langevin, qui ne pouvait nous fermer celles du Jardin Public ; à nos pépiniéristes, à tous nos exposans.

C'est vous dire que nous vous parlerons d'abord de la taille des arbres, des jardins potagers et d'ornement, des pépinières, et enfin de l'Exposition, dont il ne reste plus que de bons souvenirs.

TAILLE DES ARBRES.

Quel est celui de nous qui n'a pas eu pitié des malheureux arbres en espaliers que nous voyons dans la presque généralité de nos jardins, arbres aux branches cancereuses et dépourvues de feuilles, qui ne semblent survivre aux mutilations éprouvées que pour être mutilés encore? Vous chercherez en vain de pareils arbres dans un jardin confié à la direction et à la surveillance active de M. Sabouraud. Je me trompe, M. Sabouraud nous a montré de pareils sujets ; mais, rassurez-vous, s'il les a conservés, c'était afin de nous prouver que de ces arbres condamnés, il pouvait faire un magnifique espalier. C'est ce qui est arrivé à Chantemerle. Onze pêchers dégarnis et mal dirigés, ont été métamorphosés par lui. Ils sont maintenant d'une vigueur et d'une richesse de végétation telle, que M. Defond nous a assuré avoir cueilli l'année dernière, sur ces arbres, plus de 1,800 fruits.

M. Sabouraud, après avoir créé de nouvelles charpentes, tout en respectant ce qui reste encore des anciennes, ne supprime ces dernières que lorsque les branches de remplacement créées et dirigées par lui, promettent une récolte plus abondante et plus riche.

Nous avons vu un arbre portant encore sa vieille charpente

dont les branches nouvelles, bientôt les maîtresses absolues, sont chargées de fruits.

Ces succès, M. Sabouraud les obtient par une taille parfaitement comprise et raisonnée, par tous les soins que l'art de l'espalier exige d'un bon jardinier : murs parallèles, paillassons, supports, engrais puissans. A Chantemerle, comme chez MM. Proust et Benjamin Martineau, rien n'est épargné du moment où le jardinier peut impunément demander tout ce qui doit faciliter la réussite de ses travaux.

Vous trouvez à Chantemerle la preuve que M. Sabouraud a su retenir les leçons de M. Cadenet, comme celles de M. Lepère, étudier la taille et la direction des arbres à pépins comme celle des arbres à noyaux. Poiriers en espaliers aux différentes formes, pyramides simples, pyramides à étoiles, pommiers en gobelets, vigne à la Thomery, figuiers en espalier, figuiers en cepées, pommiers paradis en cordons, massifs et bordures de ces derniers, mongamés sur épines noires, tout est réuni à Chantemerle et nous ne pouvons que donner de sincères éloges au jardinier pour ses travaux, au propriétaire pour l'abondance que lui promettent toutes ses plantations si belles et si bien conduites.

M. Sabouraud est aussi heureux dans les jardins de MM. Proust, à leur établissement du port, qu'il l'est à Chantemerle. Un espalier de pêchers est surtout admirable, et nous n'avons pas souvenir d'arbres d'une vigueur pareille. Nous avons surtout remarqué un pêcher qui, dans deux années, a couvert une superficie de huit mètres. Chez MM. Proust, M. Sabouraud a tenté toutes les tailles connues. Poiriers à palmette simple, à forme carrée, à branches alternes, pêchers sous toute forme, vignes à la Thomery et à palmette, vieilles pyramides de poirier mises à neuf: tout ce que l'art des Dubreuil et des Delbret enseigne a été pratiqué par M. Sabouraud avec un succès que nous sommes tout heureux de constater. Il y a dans ces jardins toute une révolution en espérance pour les espaliers et les arbres du pays.

M. Sauquet, que nous nous félicitons de compter, comme M. Sabouraud, au nombre des membres de notre société, peut aussi lui être désigné comme un excellent jardinier pour la taille des arbres. Nous en avons acquis la preuve en visitant ses travaux de la Moujaterie, en remarquant surtout son vieil espalier de pêchers qu'il dirige depuis dix années, et une plantation nouvelle de 114 arbres qui a été faite par M. Giraudeau. Ces derniers, dirigés obliquement, recouvrent presque entièrement, après trois années, le mur qu'ils doivent tapisser, et leurs branches sont déjà chargées de fruits.

A la Moujaterie, comme à Chantemerle, nous avons trouvé

le pommier sur paradis étalé en cordons. Une plantation, bien dirigée à double rang, promet une grande quantité de fruits, et lors même que nous devrions enlever à la précieuse abeille quelques bordures de thym ou de lavande, aux limaces nos buis symétriquement taillés, nous recommandons cette bordure pour tous les jardins potagers. On y gagnera au printemps de délicieux cordons de fleurs, à l'automne des lignes entières de fruits aux couleurs variées, qui charmeront les yeux puis rempliront le fruitier.

JARDINS D'ORNEMENT.

M. Sabouraud nous a conduit à Chantemerle, nous l'y avons suivi dans ses travaux, mais nous ne vous avons pas dit, à vous qui savez tout ce qui a été créé par M. Defond ; à vous qui l'ignorez, tout ce que nous a laissé de ravissans souvenirs la visite que nous y avons faite.

Deux plateaux séparés par une vallée sont réunis par un pont hardiment jeté qui ne fait des deux qu'un magnifique ensemble, tout en satisfaisant aux besoins souvent trop exigeans de la vicinalité. Aux pieds coule la Sèvre, limpide et tranquille comme partout, mais encaissée comme un torrent des Alpes. A l'horizon, les forêts de Secondigny au nord, de Chizé au midi, et partout autour de vous, devant vous, en parcourant les allées bien habilement tracées, de magnifiques arbres, des massifs de Magnolias, de Rhododendrons, de Spirées et d'Azalées, des massifs d'arbres fruitiers, des Coudriers à la couleur pourpre, mélangés à ceux des conifères; des fleurs partout, dans les pelouses et surtout dans la serre, dont nous récompenserons les soins qu'elle reçoit, en rappelant à vos souvenirs un des massifs qui contribuaient le plus à orner notre Exposition de trop courte durée.

Le jour de notre visite à Chantemerle était un beau jour pour la Commission. En disant adieu à M. Defond, nous sommes allés à la Gagouette; l'heureux propriétaire de cette habitation si délicieusement placée, voulait nous montrer ses arbres de prédilection, tous ses Conifères dont il augmente constamment la collection déjà si nombreuse.

M. et Mme Borreau nous ont conduit devant toutes leurs richesses, que nous avons admirées en payant un juste tribut d'éloges à de beaux Cèdres Déodoras, à un Cèdre du Liban qui dominera bientôt, de toute sa hauteur, la maison qu'il touche déjà de ses branches vigoureuses, un Pinsapo, des Tuyas Aurea, des Cyprès variés et parmi eux un admirable Cupressus Elegans qui serait envié par tous les amateurs d'arbres verts.

Près d'une pièce d'eau qu'alimente la Sèvre sont de beaux

7

Cyprès chauves de la Louisiane, et un Taxodium Sempervirens d'une végétation superbe. Mais il faut renoncer à vous énumérer tous les arbres dont M. Borreau s'est entouré. Nous ne pouvons cependant oublier de vous dire qu'à la Gagouette comme à Chantemerle, nous avons vu un très beau Pinus Excelsa et un Wellingtonia Gigantea, cette conquête nouvelle du plus grand des arbres connus : vous dire aussi que le 10 mai le jardinier remplissait devant nous des paniers de très belles pommes de terre, de pois et de fraises, c'est vous rappeler que les Conifères ne sont pas les seuls maîtres de tous les jardins de la Gagouette.

Vous savez déjà que nous avons visité le jardin public, que la ville confie aux bons soins de notre collègue, M. Langevin. Nous ne quittons pas encore la Sèvre, dont les coteaux se prêtent si admirablement à la création du jardin à paysages.

Quel est celui de nous qui n'a pas payé son tribut d'admiration à cette propriété communale? En suivant ces allées tortueuses, que des soins constans embellissent comme les carrés qu'elles contournent, en entendant, à l'ombre de ces arbres gigantesques, de ces marronniers admirables, rejets de ceux qui servirent, en 93, à préparer la défense de la ville, la musique de nos régimens, quel est celui de nous qui n'a pas éprouvé le regret de voir si souvent cette promenade abandonnée pour nos routes poudreuses?

LES PÉPINIÈRES.

Nous venons avec vous, Messieurs, de visiter nos jardins. Revenons maintenant à ceux sans lesquels nous ne pourrions ni les orner, ni les enrichir de tous les fruits qu'ils nous donnent; parlons de nos pépiniéristes, ces travailleurs infatigables, auxquels le pays doit de ne plus payer son tribut aux pépinières d'Orléans et d'Angers.

Quatre jardiniers-pépiniéristes, MM. Moinet-Boisseau, Moinet (Auguste), Chebrou et Michel Vaissié s'étaient inscrits pour concourir. M. Griseau, malgré la beauté des arbres sortis de son établissement et le zèle bien connu avec lequel il procure toutes les variétés nouvelles, n'avait pas voulu concourir.

Félicitons-nous tout d'abord de la preuve acquise que le goût de l'horticulture devient général, et que, dans nos fermes comme dans nos jardins, nous verrons avant peu, avec abondance, toutes les meilleures variétés de nos fruits.

Nous avons trouvé la presque totalité des pépinières sans plants d'arbres un peu forts. Pour contenter leur clientelle, les pépiniéristes ont été dans l'obligation de prendre, dès l'hiver dernier, une grande partie des arbres qui ne devaient être livrés qu'après une autre année de plantation.

Félicitons-nous d'un semblable résultat, car il prouve le progrès constant que fait le jardin fruitier, et il atteste en même temps que nos pépiniéristes savent contenter leurs clients, puisqu'ils n'ont pas assez pour satisfaire à toutes les demandes qu'ils leur adressent.

Ces faits, que nous sommes heureux de vous signaler, facilitent l'extension des pépinières, ce que nous avons surtout reconnu chez MM. Moinet-Boisseau et Moinet (Auguste). Chez ces deux jardiniers, il a été fait une très grande quantité de plantations nouvelles dans d'excellentes conditions de succès. Nous avons pu donner des éloges à leurs nombreux semis de diverses essences, en remarquant, chez M. Moinet-Boisseau, ses semis de poiriers et de pommiers; chez M. Moinet (Auguste), des semis considérables d'érables et d'aubépines. En admirant ces derniers, nous nous demandions s'il ne viendrait pas un jour où le propriétaire comprendait assez ses intérêts pour ne plus encourager le vol en s'adressant à ses hommes qui dépeuplent tous nos bois pour inonder nos marchés.

Nous félicitons aussi M. A. Moinet de ses travaux de pépinière entrepris dans les prairies de Galuchet. Ils lui promettent de bons et magnifiques plants.

Chez M. Chebrou, la commission a reconnu que si ses pépinières n'étaient pas sur une grande échelle, elles n'en avaient pas moins tout le mérite que donne à un établissement le désir sincère de toujours bien faire et l'amour constant du travail.

Chez M. Michel, en parcourant toutes ses pépinières des Roches et de Saint-Etienne, nous avons vu de très beaux carrés d'arbres à fruit de toute essence, des plantations de nos arbres et arbrisseaux les meilleurs pour orner nos jardins. Nous avons surtout constaté que chez lui comme chez MM. Moinet et Chebrou, on pouvait impunément demander toutes nos belles essences d'arbres forestiers.

JARDINS POTAGERS.

Le commencement de mai n'est pas favorable pour visiter les cultures maraîchères et les jardins potagers, et cependant nous avons trouvé nos jardiniers en demeure de nous bien recevoir et riches de beaux produits que vous avez pu admirer, après nous, dans les lots que chacun avait fournis pour l'exposition des légumes.

Chez M. Gaborit, nous avons trouvé des jardins parfaitement préparés, des cultures admirablement soignées, des pois de différentes variétés pincés en temps utile et chargés de fruits, des laitues, des choux, des raves, son magnifique carré d'artichauts du Bas-Palais, son espalier de Chatreuil, ses pommes de terre ayant reçu une façon qu'il n'oublie jamais de pratiquer, celle de l'enlèvement de tous les rejets de peu de force, afin de ne laisser à la plante qu'une tige très vigoureuse qui assure une récolte de beaux et bons tubercules.

Chez MM. Suire et Chebrou, nous avons eu, comme toujours, des éloges à donner. Citer ces deux noms, n'est-ce pas, en effet, rappeler nos jardiniers primés tant de fois dans nos concours, nos jardiniers qui ont, avec M. Gaborit, partagé les honneurs de disputer et d'emporter à la culture maraîchère de Paris, de nombreux prix bien mérités et glorieusement acquis.

Chez les deux, nous avons trouvé des jardins promettant d'abondans et riches produits, par les profonds labours, par les riches engrais qui leur ont été prodigués. MM. Suire et Chebrou ne savent et ne peuvent que bien faire.

Nous avons aussi des éloges bien mérités à donner au jardin de M. Nicolas, que fait M. Pierre Barrault, ancien domestique de sa famille, fidèle serviteur qui peut se glorifier de 27 ans de bons et loyaux services dans cette maison, dans ce jardin qu'il croit le sien, et qu'il soigne comme s'il en était ainsi. Ses légumes peuvent rivaliser avec ceux des praticiens nos collègues, que nous venons de nommer; c'est assez vous dire qu'il mérite une récompense.

Ma tâche devrait être remplie, et il suffirait de désigner les prix à donner pour vous voir ratifier les décisions prises par les commissions dont je suis l'interprète.

Je dois cependant, malgré vos souvenirs datant d'hier, vous rappeler les produits, les arbres, les plantes et les fleurs auxquels vous avez à l'avance décerné les médailles qui vont être bientôt remises par M. le Maire et par notre député, M. David, ce collègue que nous trouvons toujours si dévoué à tous nos intérêts.

Mais n'oublions pas les devoirs de l'hospitalité et saluons d'abord cet admirable échantillon des produits sortant de la serre si justement renommée de M. Laval, de Fontenay. Son régime de Bananes, fruit du Bananier à oiseaux de Cayenne, était ce que nous avions de plus remarquable. Son poids était de 30 kilos, et ses fruits à maturité prouvent, par leur goût exquis, que Laval peut impunément tenter la culture de toutes les plus belles et les plus riches plantes tropicales.

Vous avez tous vu la riche collection de légumes exposés par M. Gaborit, ses nombreuses variétés de pommes de terre conservées, les pommes de terre nouvelles de M. Suire, les beaux artichauts de M. Chebrou, digne échantillon de ce légume qui fait la fortune de nos jardiniers, les admirables salades de M. Gaborit, les choux de M. Suire, la collection de pois de M. Bonnau, premier jardinier de M. Moinet (Auguste), qui a été le travailleur le plus actif mis à la disposition de la Commission pour la confection des massifs et l'arrangement des gazons qui ornaient encore, il y a peu d'instans, cette tente.

Poitiers nous a fourni les fruits conservés et les roses aux couleurs étincelantes : M. Barreau (Hippolyte) a exposé une belle corbeille de pommes et de poires, et M. Barreau (Prosper) une charmante collection de roses, au milieu desquelles étaient un Souvenir de la Malmaison, rose aussi charmante de couleur et de forme que par les souvenirs évoqués par son nom.

Nous avons tous été tentés de goûter aux cerises et aux fraises de M. Lhoumeau, et d'emporter le melon cantalou de M. Jousseaume.

Les conifères de MM. Michel et Griseau étaient nombreux et, parmi eux, vous avez pu remarquer l'Abiès morenda et l'Abiès pinsapo du premier, qui revendique avec raison l'honneur d'avoir fourni à M. Loudun père un des plus beaux arbres de ce nom qui existent en France. Dans la collection de M. Michel, il y avait aussi un beau Cèdre argenté ; dans celle de M. Griseau, un sujet assez fort du Wellingtonia gigantea, cet arbre nouvellement importé de Californie, le Pinus Montezuma, le Cupressus cornyana et différentes variétés de Cèdres d'une grande vigueur et d'une belle végétation.

Parmi les fleurs, nous avons déjà cité les roses de M. Barreau. Laissez-moi maintenant vous rappeler les verveines de M. Griseau. les fuchsias de M. Michel et les charmantes calcéolaires de notre trésorier, M. Régnault. Parmi les verveines de M. Griseau, dans cette belle collection composée presque en entier de fleurs choisies dans ses semis, nous avons remarqué les plus belles, auxquelles il a donné les noms d'Anaïs Griseau et du Triomphe des Deux-Sèvres. Ces deux noms vous disent assez que si M. Griseau est un très bon jardinier, il est aussi un bon père aimant la ville et le pays qui l'ont vu naître.

Après avoir admiré les riches couleurs des calcéolaires de M. Régnault,, les brillans fuchsias et les bruyères de M. Michel ; les géraniums, les rhododendrons et les charmans pétunias de M. Griseau, il n'est pas un de nous qui n'ait vanté la fraîcheur et l'éclat des cinéraires, des géraniums, des pétunias et de toutes les fleurs formant le massif exposé par M. Louis Lucas, ce jardinier de M. Defond, qui entretient d'une manière si remarquable toutes les plantations, toutes les cultures et les serres de Chantemerle.

Donnons encore des éloges bien mérités au géranium James Odier, de M. Tonnet, aux pensées de M. Charles Geoffrion, aux ignames de la Chine envoyées par M. Legrand, de Moncoutant; aux magnifiques asperges de M. Morin, jardinier de M. Ferdinand David. Donnons un souvenir aux instrumens si utiles de M. Quentin Durand, de Paris, à la brouette arroseuse de M. Pernollet et aux paillassons faits à la mécanique de Gayot, le tout exposé par M. Marot. Le kiosque de M. Moinet-Métayer prouve que ce jardinier, digne fils de son père, peut entreprendre avec succès toutes les constructions rustiques dont on orne nos jardins. Nous recommandons aux propriétaires d'orangeries les caisses octogones de M. Métayer, qui leur donne la préparation si utile du bain dans la couperose bleue ou sulfate de cuivre.

Permettez-moi, Mesdames, de vous rappeler aussi tout ce qu'il y avait de gracieux dans la composition et les formes des corbeilles et des bouquets montés par de Mme Griseau. Toutes, vous eussiez voulu en voir orner vos vases de prédilection, vos jardinières ou vos coupes.

Mais il faut cesser de faire ainsi revivre dans vos souvenirs tout ce qui a contribué au succès de notre exhibition si promptement terminée, au grand regret de nos exposans et de nous-mêmes. Disons-lui un dernier adieu en remerciant M. Michel pour son olivier en fleurs, M. Griseau pour toutes ses riches plantes qui font l'ornement de son jardin d'hiver et de ses serres, son Yucca panaché, son Bonapartia, son Generium argenteum, son Dracœna Draco, ses figuiers et tout ce dont il les avait dépouillés pour orner nos massifs et nos gazons.

Ma mission est remplie. Mais, après avoir payé ce juste tribut d'éloges à nos exposans et à nos sociétaires, laissez-moi vous remercier, mes collègues, de toutes les preuves de sympathie que vous m'avez données depuis que vous m'avez admis parmi vous. Qu'il me soit aussi permis de vous dire, à vous, habitans de Niort, devant qui il m'est donné de parler pour la première fois: Merci de m'avoir accordé le droit de cité dans votre ville, en me permettant de penser à vos pauvres; en vous remerciant chaleureusement de votre accueil, je prends la liberté de vous les rappeler, et je vous prie de ne pas oublier la quête qui sera faite ce soir en leur nom, dans la fête de charité qui se prépare.

LISTE DES LAURÉATS.

TAILLE DES ARBRES.

MM. Saboureau, médaille de vermeil ; — Sauquet, médaille de vermeil.

TENUE DES PÉPINIÈRES.

MM. Moinet-Boisseau, médaille d'argent ; — Moinet (Auguste), médaille d'argent ; — Chebrou fils, médaille de bronze ; — Michel Vessié, médaille de bronze.

TENUE DES JARDINS POTAGERS.

MM Gaborit, médaille d'argent ; — Suire et Chebrou (ex æquo), médaille de bronze ; — Barreau (Pierre), jardinier de M. Nicolas, médaille de bronze.

CONCOURS D'AMATEUR.

Une médaille d'argent à M. Borreau pour sa belle collection d'arbres verts ; — une médaille d'argent à M. Laugevin pour soins et bonne tenue du jardin public.

CONCOURS DE LÉGUMES.

A la plus belle collection de légumes variés : MM. Gaborit, médaille de vermeil : — Chebrou, médaille d'argent, — Suire, médaille de bronze.

A la plus belle collection de Pommes de terre conservées : M. Gaborit, médaille d'argent.

Aux plus belles Pommes de terre de l'année : M. Suire, médaille de bronze.

Aux dix plus beaux artichauts : MM. Chebrou, médaille d'argent ; — Gaborit, médaille de bronze.

A la plus belle collection de Choux : MM. Suire, médaille d'argent ; — Gaborit, médaille de bronze.

A la plus belle collection de Salades : M. Gaborit, médaille de bronze.

A une collection de 50 variétés de pois : M. Bonneau, médaille de bronze.

FRUITS.

Aux fruits conservés les plus beaux : MM. Barreau (Hippolyte), jardinier à Poitiers, médaille de bronze ; — Papet, Suire et Lhoumeau, mention honorable.

Aux plus belles cerises : M. Lhoumeau, médaille de bronze.

Aux plus belles fraises en pot : M. Lhomeau, médaille d'argent.

Aux plus beaux fruits forcés : M. Jousseaume, propriétaire à Mornay (Charente-Inférieur), médaille de bronze.

ARBRES.

A la plus belle collection de conifères : MM. Michel Vessié, médaille de vermeil ; — Griseau, médaille d'argent.

Aux dix plus beaux sujets d'arbres forestiers variés : MM. Moinet-Boisseau, médaille de bronze ; — Michel Vessié, médaille de bronze.

Aux dix plus beaux sujets d'arbres fruitiers variés : MM. Chebrou, médaille d'argent ; — Bourgeseau, médaille de bronze ; — Barreau (Hippolyte), médaille de bronze ; — Michel Vessié, médaille de bronze ; — Moinet-Boisseau, médaille de bronze.

A la plus belle collection d'arbustes de pleine terre à feuilles persistantes : MM. Michel Vessié, médaille de bronze ; — Griseau, médaille de bronze.

FLEURS.

A la plus belle collection de rosiers en pots ou de Roses coupées : MM. Barreau (Prosper), de Poitiers, médaille de bronze ; — Michel Vessié, médaille de bronze.

A la plus belle collection de géraniums et de pelargorniums en fleurs : MM. Griseau, médaille de bronze ; — Michel Vessié, médaille de bronze.

A la plus belle collection de verveines en fleurs : M. Griseau, médaille de vermeil.

A la plus belle collection de calcéolaires fleuries : MM. Régnault, amateur, médaille d'argent ; — Griseau, médaille de bronze.

Pour corbeilles de fleur et bouquets montés : Mme Griseau, médaille de bronze ; — Mme Michel, médaille de bronze.

MÉDAILLES DÉCERNÉES PAR LE JURY HORS CONCOURS.

M. Laval, de Fontenay, une médaille d'argent, pour son régime de banane, fruit du bananier à oiseaux de Cayenne.

M. Michel Vessié, médaille d'argent, pour sa collection de fuschias.

M. Griseau, médaille de bronze, pour ses rhododendrums :

M. Michel Vessié, médaille de bronze, pour sa collection de bruyères.

M. Griseau, médaille de bronze, pour ses pétunias.

Pour plantes fleuries : médaille de bronze à MM. Louis Lucas, jardinier chez M. Defond, et Desprez.

M. Geoffrion, mention honorable, pour ses pensées.

M. Quentin-Durand, de Paris, médaille de bronze, pour ses ratissoires et ses coupe-gazon.

M. Moinet-Métayer, médaille de bronze, pour sa cabane rustique et son poulailler pour parc.

M. Thiry, jeune, de Paris, médaille de bronze, pour ses clôtures en fer-feuillard et ses treillages en fer galvanisé.

M. Métayer fils, à Niort, médaille de bronze, pour ses caisses octogones trempées dans le sulfate de cuivre.

M. Ferrand, jardinier à Cognac, mention honorable, pour ses étiquettes en gutta-percha.

Niort. — Imprimerie de L. Favre et Cie, imprimeurs de la Préfecture.

Niort. — Imprimerie de L. FAVRE et Cie.

www.ingramcontent.com/pod-product-compliance
Lightning Source LLC
LaVergne TN
LVHW010045230826
846091LV00005B/1875